NO ALVORECER DOS DEUSES

YAGO MARTINS

NO ALVORECER DOS DEUSES

DESVENDANDO AS ***IDOLATRIAS*** PROFUNDAS DO CORAÇÃO

Rio de Janeiro, 2021

Publisher	Samuel Coto
Editores	André Lodos e Bruna Gomes
Revisão	Eliana Moura
Capa	Gabê Almeida
Ilustrações	Guilherme Match
Diagramação	Caio Cardoso

As citações bíblicas são da *Nova Versão Internacional* (NVI), da Bíblica, Inc., a menos que seja especificada outra versão da Bíblia Sagrada. Os pontos de vista desta obra são de responsabilidade do autor, não refletindo necessariamente a posição da Thomas Nelson Brasil, da HarperCollins Christian Publishing ou de sua equipe editorial.

Dados Internacionais de Catalogação na Publicação (CIP)

M347a Martins, Yago
1.ed. No alvorecer dos deuses: desvendando as idolatrias profundas do coração / Yago Martins. – 1.ed. – Rio de Janeiro: Thomas Nelson Brasil, 2020.
192 p.; 15,5 x 23 cm.

Inclui bibliografia.
ISBN: 978-65-56890-45-6

1. Idolatria. 2. Adoração. 3. Vida cristã. 4. Reformado. I. Título.

7-2020/93 CDD 290
CDU 2-53

Bibliotecária responsável: Aline Graziele Benitez CRB-1/3129

Thomas Nelson Brasil é uma marca licenciada à Vida Melhor Editora LTDA.

Rua da Quitanda, 86, sala 218 - Centro
Rio de Janeiro – RJ – CEP 20091-005
Tel.: (21) 3175-1030
www.thomasnelson.com.br

Para Valberth e Renata Veras,
meus pais na fé.

SUMÁRIO

APRESENTAÇÃO

Creio que boa parte dos teólogos reformados concordaria com a seguinte afirmação de Brian Rosner: "não há na Bíblia acusação mais séria que a idolatria".[1] Porém, ainda que o fenômeno seja tão central nas Escrituras, não parece ser fácil formular em poucas palavras uma definição que dê conta de sua complexidade. É quando, na igreja, entra em ação um esforço cooperativo: cada autor, à sua maneira, contribui para ampliar a percepção do tema, focalizando um ou mais de seus aspectos.

No entanto, por mais numerosos que sejam os aspectos inerentes ao ídolo – e aqui podemos citar, sem esgotá-los, a vaidade, a perecibilidade, a origem humana, a ausência de vida e a destruição que causa –, todos eles remetem inevitavelmente à questão *identitária* do ser humano: se nascemos para adorar o verdadeiro Deus, a idolatria é a versão negativa da adoração. E adoramos para *ser*, em primeiro lugar: "...todos nós, com o rosto descoberto, refletindo como um espelho a glória do Senhor, somos transformados de glória em glória na mesma imagem, como pelo Espírito do Senhor" (2Coríntios 3:18). Isso significa que adorar um ídolo é errar grandemente o alvo, pois o ídolo é sempre criatura em vez do Criador (Romanos 1:25).

No Brasil, onde o catolicismo é forte, nós evangélicos estamos acostumados a atribuir idolatria a gestos visíveis e objetos concretos, como a prostração de um fiel ou um acender de velas diante de estátuas de "santos" ou de Maria. Mas a idolatria só envolve esse tipo de concretude quando os ídolos são representações feitas de madeira, gesso, pedra, metal. Nesses casos, como Isaías expõe com uma aguda ironia, o

---

1 Rosner, Brian. "The Concept of Idolatry", in *Themelios* 24.3, maio de 1999, 21-30. Tradução livre.

homem precisa crer que a mesma madeira que foi cortada para a lenha produzirá um deus vivo que ouve orações e restaura a vida ao adorador (Isaías 44:15). Em nossa época, o fenômeno pode até ter se sofisticado — pois as idolatrias mais generalizadas hoje consistem em representações *mentais*, e não concretas, de divindades —, mas apenas na aparência. O modo mais fácil de manter a ilusão de *vida doadora de vida* nos ídolos consiste em desistir dos objetos inanimados e atribuir divindade a pessoas, desde desconhecidos ilustres como atores, cantores, cientistas, políticos, governantes (e mesmo pastores, vejam só!) até membros da própria família: pai, mãe, filhos. Nós os enxergamos como portadores de atributos desejados — riqueza, beleza, segurança, sabedoria, poder, espiritualidade — e os vemos como generosos (ou não tão generosos assim) receptáculos dessas qualidades, colocando-os em um lugar alto demais em nossos afetos ao ponto de dedicar-lhes mais de nosso ser (nossa inteligência, nossas emoções, nossos pensamentos e esperanças) que ao próprio Deus.

Valendo-se de estudos de autores tão diversos e de tantas fases da história do pensamento quanto Agostinho, Mircea Eliade, Rudolf Otto, Viktor Frankl, G. K. Beale, Franklin Ferreira, Dostoievsky, James Dunn, Herman Dooyeweerd, William Hendriksen, Iohannis Comenius e James K. A. Smith, o autor deixa claro que a religião não se define tanto por nossas escolhas litúrgicas, mas sim a postura interior, íntima. Com a idolatria, é a mesma coisa: podemos exteriormente fazer tudo "certo" para quem nos vê, mas, secretamente, prestar terríveis cultos a ídolos. Em *No alvorecer dos deuses*, tanto a idolatria concreta quanto a idolatria contemporânea, menos evidente mas igualmente real, são tratadas como o mesmo movimento que se origina na idolatria do eu: o homem busca adorar com base nas próprias decisões, como se tivesse nascido conhecedor da verdade em vez de pecador (Gênesis 3), e com isso, embora escolha algo exterior a quem servir, acaba adorando a si mesmo, pois vê-se como seguro ponto de partida para a transcendência. Ainda que já estejamos em Cristo, a velha natureza nos empurra para esse padrão inaugurado no Éden e arraigado fortemente em nossos impulsos, em nossos hábitos mentais e emocionais. Por isso, de tempos em tempos, Yago Martins interpela o leitor: como está seu coração? Está mesmo em Cristo ou tenta repousar em ídolos ocultos? Porque só existe paz no Deus verdadeiro; a agonia da idolatria revela um coração inquieto e angustiado na busca incessante por uma impossibilidade que é tanto lógica quanto espiritual: alimentar-se de si mesmo, ser o fundamento de si. Nem o eu nem o ídolo podem prover o ser humano de identidade.

Em todo o livro, o leitor respira com força aquilo de que todos nós precisamos ser lembrados constantemente. Com o firme propósito de mostrar o fundamento identitário da idolatria, Yago alude a uma "retroalimentação": "criamos ídolos à nossa imagem e semelhança, acabamos sendo criados à imagem das idolatrias que criamos". E, como declara Deus por meio do profeta Oseias, tais recriações têm sempre um fim amargo: "fizeram ídolos para si, para serem destruídos" (Oseias 8:4). O caminho de volta é doloroso e dá trabalho, mas ao mesmo tempo — doce paradoxo — é o único que podemos trilhar para a alegria de nossa alma quando, agora satisfeitos com nosso papel como criaturas, reconhecemos que a graça nos alcançou, abandonamos o labor infrutífero de criadores de nós mesmos e deixamos que Deus seja Deus para restaurar-nos à imagem de seu Filho.

Norma Braga Venâncio

DOUTORA EM LITERATURA, MESTRE EM TEOLOGIA E CONSULTORA DE IMAGEM

PREFÁCIO

Lembro-me, quando garoto, de ter ouvido na igreja denúncias apaixonadas contra a idolatria... dos *católicos romanos*. Havendo crescido em lar evangélico, enxergava o próprio demônio nos olhos das imagens romanistas, e assumia que evangélicos seriam o exato oposto dos idólatras. Até que alguém ensinou em nossa igreja que a avareza poderia ser idolatria. "Quer dizer que um evangélico poderia ser idólatra?" Fiquei com a pulga atrás da orelha, mas nada que me tirasse o sono infantil.

Isso foi há muitos e muitos anos! Recentemente, no entanto, o mundo evangélico redescobriu o conceito de "idolatria", e a altíssima periculosidade desse pecado. E também perdeu a inocência a seu próprio respeito. Livros importantes, como *Deuses falsos*, do pastor Timothy Keller, e palestras examinando o problema sob diversos ângulos ganharam os ouvidos do brasileiro. A ideia de que a idolatria seja uma tentação constante e um pecado frequente na vida dos cristãos, mesmo sem as "imagens de escultura" literais, tornou-se, enfim, moeda corrente em nossas igrejas.

Mas deu-se, também, uma banalização significativa. Nos anos 2000 a crítica neocalvinista aos ídolos modernos, inspirada no trabalho teológico-filosófico de Kuyper, Dooyeweerd e especialmente do economista e senador holandês Bob Goudzwaard, começou a ganhar espaço no país. As manifestações de idolatria política, em particular, foram muito debatidas; tanto as de esquerda, quanto as de direita. E sob o influxo das paixões ideológicas, o termo "idolatria" passou de categoria profética e crítica a xingamento, ofensa. E muitos passaram a usar o termo como mero "cala-a-boca" retórico em discussões pouco frutíferas.

Ainda assim, o assunto é importantíssimo e atualíssimo. Quanto se lamentou, entre os anos 1970 e os anos 2010 a falta de expressão pública do cristianismo no país? Finalmente ela começou a acontecer, e fomos surpreendidos com a nossa própria falta de preparo para a tarefa. Pois na medida em que o Cristianismo brasileiro assume uma face mais pública, emergem grandes obrigações: de falar com mais precisão, de exercitar mais autocrítica, de dar um testemunho mais consistente.

Além disso, os cristãos estão mais envolvidos com "o mundo", ou com "as coisas seculares". E isso cria o conflito de lealdades: o crente que antes tinha poucas oportunidades de se envolver socialmente e se dedicava à igreja, mas que agora pode ganhar respeito, sucesso e influência em suas atividades terrenas, vê o seu coração balançar. O crente que antes não se misturava com coisas "do mundo", mas descobriu que muitas dessas coisas são legítimas, vê suas devoções de dividirem. E ao invés de viver todas as coisas para a glória de Deus, começa a buscar... falsos deuses.

Assim, seja por razões políticas, missiológicas ou por amor à vida cristã, o tema da idolatria clama por clareza e aprofundamento. É realmente um tema essencial para o cristianismo brasileiro contemporâneo. Desse modo, o livro do amigo Yago Martins não apenas chegou em boa hora; trata-se da palavra certa na hora certa.

Nosso autor começa do chão, "aonde o povo está", nomeando e iluminando as formas mais comuns de idolatria, nas religiões, no amor ao dinheiro, na obsessão por sexo, nas raízes mais profundas desse pecado, lá aonde o desejo se descontrola, e de modo feliz mostra que a religião é uma inevitabilidade. Todo mundo tem uma. É só seguir o desejo.

Mas Yago não fica apenas na denúncia, oferecendo-nos os elementos de psicologia bíblica do fenômeno da idolatria: como ela corrompe a mente e distorce a identidade humana. Esse movimento é muito importante – entre os assuntos que considero indispensáveis para os cristãos, hoje, está a aquisição de entendimentos básicos sobre a psicologia do pecado e da virtude cristã. E nesse sentido o livro é bastante útil, mostrando de modo acessível o que a Bíblia ensina sobre a relação entre adoração e identidade. Todo cristão precisa entender isto: adoração e identidade são realidades indissociáveis, dois lados da mesma moeda.

Uma grata surpresa para os leitores acostumados com o tema será descobrir que nosso autor passa dos elementos de uma psicologia bíblica da idolatria para, por assim dizer, a sua "sociologia", quando aponta o fato de que a idolatria pode ser um fenômeno *comunitário*, exatamente como a adoração cristã é comunitária. Sem dúvida não se trata de uma sociologia no sentido científico; mas se trata da contraparte teológica para que tal ponte seja construída. Eu não poderia exagerar a importância dessa discussão; escolher entre a adoração ao Deus verdadeiro ou a deuses falsos é, simultaneamente, escolher qual a sua comunidade espiritual, qual a sua "sociedade" prioritária.

Nos dois últimos capítulos o autor dá o passo seguinte, lidando com aquele tema tão abusado anteriormente, como observamos: o da idolatria política. Tema premente, mas que se tornou infelizmente mero xingamento carente de fundamentação.

Yago Martins nos ajuda a refinar essas categorias, mostrando a função do ídolo como representação falsa da autoridade divina. Esse tema é de grande relevância, dado que toda autoridade tem uma dimensão de representação, e por isso mesmo pode facilmente tornar-se uma âncora existencial e objeto de paixões religiosas. É assim que surgiram os falsos salvadores e messias modernos.

Finalmente, nosso autor ataca de frente "a desgraça da idolatria política", exemplificando de forma bastante rica o modo como essa idolatria surgiu, em Roma, não por iniciativa dos imperadores, mas do próprio povo! E fecha com chave de outro expondo dos grandes capítulos da Bíblia que revelam a dimensão criacional e a distorção demoníaca da autoridade política: Romanos 13 e Apocalipse 13. Embora tenha divergências sobre detalhes da interpretação de Romanos 13, reconheço que sua interpretação promove uma leitura clássica e venerável dos dois textos, e que é muito útil para ajudar o cristão a lidar com essa difícil ambiguidade que vemos nas autoridades políticas.

Essa obra foi produzida com responsabilidade teológica, cuidado pastoral e sensibilidade apologética, e ajuda a construir os fundamentos bíblicos para discussões aprofundadas sobre a idolatria no mundo moderno. Não tenho dúvidas de que esse tijolo contribuirá para a construção da Casa de Deus. Sinto-me grato pelo trabalho do amigo Yago Martins, e oro para que o leitor seja confrontado, iluminado e inspirado, não apenas para descobrir sua verdadeira religião, mas para se entregar ao verdadeiro Deus.

Guilherme de Carvalho
L'ABRI FELLOWSHIP BRASIL

— Quem é você? — perguntou Shadow.

— Certo. Boa pergunta. Eu sou a mãe dos idiotas. Sou a televisão. Sou o olho que tudo vê, sou o mundo do raio catódico. Sou a expositora de tetas. O pequeno altar em torno do qual a família se reúne para louvar.

— Você é a televisão? Ou é alguém dentro da televisão?

— A televisão é o altar. Eu sou a entidade para quem as pessoas fazem os sacrifícios.

— O que elas sacrificam?

— O tempo de vida, principalmente — respondeu Lucy. — Às vezes, umas às outras.

Ela levantou dois dedos e soprou fumaça de uma arma imaginária. Depois, deu uma piscadela, a velha piscadela de *I Love Lucy*.

— Você é uma deusa? — perguntou Shadow.

Lucy deu um sorriso debochado e tragou o cigarro como uma dama.

— Pode-se dizer que sim.

Neil Gaiman, *Deuses americanos*[1]

---

1 GAIMAN, N. *Deuses americanos*: edição preferida do autor. Rio de Janeiro: Intrínseca, 2016, p. 173.

INTRODUÇÃO: NEIL GAIMAN, O TEÓLOGO

ALL I AM IS A MAN
I WANT THE WORLD
IN MY HANDS.

The Neighbourhood, *Sweater Weather*

A premissa de *Deuses americanos*, o livro de Neil Gaiman que dá base para a série homônima da Amazon Prime, é muito simples: tudo aquilo que é adorado se torna uma divindade. Os deuses, então, nada mais são do que a materialização do impulso de adoração das pessoas. Se alguém precisa de ajuda em uma área, basta adorar a alguma divindade referente àquela necessidade e essa divindade ganha vida. Além disso, quanto mais adorados esses deuses são, mais poder eles conseguem.

O principal conflito do livro e da série se dá entre os velhos e os novos deuses. Enquanto os antigos homens adoravam deuses da chuva, do trovão, da colheita e do amor, hoje as pessoas adoram os deuses do globalismo, da televisão e da tecnologia. Os sacrifícios entregues a esses deuses e que lhes dão poder e autoridade são compostos pelo tempo que nós gastamos dedicados a cada uma dessas coisas. A tecnologia se tornou uma divindade poderosa pelo tempo que as pessoas passam em torno dela. Os deuses antigos, outrora poderosos donos do mundo, estão diminuídos diante de deuses adorados em nível por vezes subconsciente, mas com intensidade.

Nisso Neil Gaiman é profundamente teológico. Não seria exagerado dizer que ele é quase bíblico. Se nós podemos realmente adorar as coisas com as quais nos relacionamos, então a adoração não acontece apenas em ambientes litúrgicos; a idolatria não acontece apenas nos cultos idolátricos de religiões animistas ou em divinizações de monarcas ou imperadores, mas também em disposições do coração. Existe uma idolatria que se dá dentro dos seres humanos, justamente porque somos adoradores por natureza. Já dizia o filólogo alemão Friedrich Nietzsche (1844-1900) que "[h]á mais ídolos do que realidades no mundo",[2] ou, para uma citação mais teológica, o homem tem em seu interior uma "eterna fábrica de ídolos",[3] como dizia o teólogo francês João Calvino (1509-1564).

O objetivo deste livro é ajudar a descortinar as idolatrias dos nossos corações e as religiões que seguimos, por vezes, sem perceber. Faremos isso em seis movimentos de aproximação com o texto sagrado, divididos em duas partes. A primeira metade do livro trata da idolatria interior, que se manifesta dentro dos corações. No primeiro capítulo, vamos considerar como identificar nossas verdadeiras idolatrias, lidando com os versos bíblicos que falam da religião do coração. No segundo capítulo, vamos considerar o que a idolatria faz com o nosso raciocínio e os modos como a mente é afetada pela falsa adoração. No terceiro capítulo, veremos como nós somos transformados à imagem de nossas idolatrias.

A segunda parte do livro, com os três capítulos seguintes, lida com a idolatria em suas relações com o mundo externo e com a forma pela qual construímos nossos mundos através de processos idolátricos. No quarto capítulo, então, embarcamos em uma teologia das origens, lidando com Gênesis 1 a 11 para falar sobre como nós nos congregamos em torno de nossas idolatrias e construímos nossas cidades em volta de nossos amores. O quinto capítulo começa com a libertação de Israel das garras do Faraó no Egito e se encerra com o primeiro rei de Israel, falando sobre como os ídolos são muitas vezes bons elementos da criação que

---

2 NIETZSCHE, F. *Crepúsculo dos ídolos, ou como se filosofa com o martelo*. São Paulo: L&PM, 2009. p. 6.

3 CALVINO, J. *A instituição da religião cristã* (Tomo I, Livros I e II). São Paulo: Editora Unesp, 2008. p. 101.

usamos para representar Deus. O sexto e último capítulo lida diretamente com o problema da idolatria política e nos responde o problema da representação divina por meio de figuras civis.

Algumas histórias ilustram este livro. Devo alertar aos leitores que todas são reais, mas nomes, circunstâncias e detalhes foram modificados para preservar os envolvidos. Devo agradecimentos à Elane Bezerra e ao Matheus Fernandes pela ajuda na preparação do material, ao dr. Valberth Veras pela orientação do trabalho original que deu origem a este livro e à Isa Martins, minha dedicada esposa, por ser o maior instrumento de Deus contra minhas idolatrias.

O Samuel Furtado foi quem concebeu a ideia de deuses gregos com elementos modernos, para a série de sermões que apresentei sobre idolatria em nossa comunidade. Foi desse conceito que Guilherme Match criou a belíssima ilustração que apresenta esta obra, montada na capa do livro por Gabê Almeida e incorporada na diagramação por Caio Cardoso. Apenas a confluência de tantos talentos gera um livro tão bonito. Eu os agradeço profundamente. André Lodos, Bruna Gomes e Eliana Moura foram responsáveis em melhorar meu texto, com o dedicado processo editorial que faz a Thomas Nelson Brasil ser tão respeitada. Que Deus os recompense. João Guilherme Anjos, amigo e editor em outros projetos, foi quem me fez chegar à Thomas Nelson, e foi Samuel Coto que insistiu até acharmos um projeto com a cara da editora. Sou grato a ambos pela confiança e parceria. A apresentação e o prefácio de Norma Braga e Guilherme de Carvalho foram verdadeiros presentes da graça. Eles dois, assim como o André Venâncio, marido da Norma, são as pessoas que melhor falam das aplicações da idolatria em solo nacional. Seus preâmbulos enriquecem a obra, e deixam corado este jovem autor. Muito obrigado.

Foi no púlpito da Igreja Batista Maanaim que apresentei pela primeira vez estas ideias, e sou grato ao Senhor pela comunidade que me pastoreia. As respostas dos irmãos às pregações certamente ajudaram a melhorar a obra. Que o leitor possa encontrar bons frutos da leitura que se segue.

Porque aqui está algo que é estranho, mas real: nas trincheiras diárias da vida adulta, não existe algo como o ateísmo. Não existe "não venerar". Todo mundo venera. A única escolha que temos é o que venerar. E a razão convincente para talvez escolher venerar algum tipo de deus ou coisa espiritual [...] é que praticamente qualquer outra coisa que você venerar vai te comer vivo. Se você venera dinheiro e coisas, se é aí que você encontra significado verdadeiro na vida, então você nunca terá o suficiente. É a verdade. Venere seu corpo, beleza e atração sexual, e você sempre vai se sentir feio. E, quando o tempo e a idade começarem a aparecer, você vai morrer um milhão de mortes antes de finalmente te enterrarem. [...] Mas a coisa insidiosa sobre essas formas de veneração não é que elas são más ou perversas – é que elas são inconscientes. Elas são a configuração padrão. São o tipo de veneração em que você gradualmente se acomoda, dia após dia, ficando mais e mais seletivo sobre o que você vê e como você mede valor sem jamais estar totalmente ciente do que está fazendo.

David Foster Wallace, *Isto é água*[1]

1 WALLACE, D. F. *Isto é água*. Disponível em: https://www.posfacio.com.br/2011/09/06/isto-e-agua-david-foster-wallace/. Acesso em: 3 jul. 2019.

PARTE 1

IDOLATRIA PARA DENTRO

CAPÍTULO 1

AS MORADAS DA RUÍNA INTERIOR: COMO ENCONTRAR SUA VERDADEIRA RELIGIÃO

> YOU'RE GONNA HAVE TO SERVE SOMEBODY.
>
> **Bob Dylan, *Gotta Serve Somebody***

O café preto recém-servido estava quente o bastante para queimar a língua e o céu da boca, então era tomado em goles minúsculos, entre sopradas e balanços circulares com o pulso. O olhar dele era firme. Sempre foi, mas, enquanto abria o coração, seus olhos penetravam de modo especial. De meia-idade, trabalhador braçal por toda a vida, não era o tipo de homem que abria as próprias emoções com frequência, o que tornava aquele um dos momentos especiais no ministério pastoral. "Eu me sinto muito bem quando sei que os outros dependem de mim", disse ele. De fato, era dos homens mais dedicados no serviço da igreja, e muitas atividades dependiam de sua incansável presença. "Isso tem afetado por anos o modo como vivo. Creio que toda a minha identidade vem da minha capacidade de ter pessoas que precisam da minha vida". Ele falava como quem lutava para impedir que o pecado permanecesse segredo. "Agora, eu perdi aquilo que define quem eu sou. Parece até que perdi a fé". Por anos, viveu depositando a imagem de quem era enquanto os outros recebiam de sua mão, e se tornou atuante na igreja com base em uma busca errada por identidade nas coisas, em vez de em Cristo. Hoje, desafios particulares com a saúde e a família lhe deixam ausente de serviços mais vistosos. Afundou em tristeza, até que entendeu: o serviço era seu verdadeiro deus.

Se eu perguntar qual é sua religião, que elementos da sua vida você vai usar para formular uma resposta? Talvez, na forma mais comum, você vai responder baseado naquele grupo de crenças sobre quem Jesus é, para onde vamos depois da morte, em que Deus se revela e como somos salvos. Para muitos, religião se define com base nas doutrinas em que se acredita. No entanto, a resposta também pode seguir pelos rumos do comportamento. Você não bebe, não fuma, não faz sexo, não vai ao forró, frequenta um ambiente de culto familiar e amável no domingo, e isso define sua religião. Talvez você defina isso em termos de tradição familiar. Você nasceu em certa religião e vai morrer nessa religião. Seus pais tinham uma forma de culto, e você se vê obrigado a seguir o mesmo, em respeito e honra aos seus antepassados. Em algumas culturas, as respostas seriam no nível da aproximação étnica. Tal etnia, clã ou grupo linguístico é ligado a certa divindade, e por isso todos seguem à religião correspondente.

O que essas respostas têm em comum é que elas lidam unicamente com aspectos eclesiásticos, devocionais e litúrgicos. Você define sua religião basicamente em termos do lugar de culto que frequenta no dia sagrado, do livro religioso que lê e para qual divindade pessoal você canta ou faz orações. Mas, e se você louvar a Deus no domingo, usar camisetas com versículos bíblicos, casar virgem, nunca provar álcool, ter uma ascendência religiosa que volta aos escolásticos e ainda assim sua religião não ser definida por isso, mas por coisas mais profundas, mais internas? E se você tiver carteirinha de membro da igreja, mas ainda assim servir a outros deuses, vivendo outra religião que você nunca imaginou seguir?

Na antropologia da religião, nomes como Rudolf Otto, Mircea Eliade, Viktor Frankl, Herman Dooyeweerd e James K. A. Smith, para citar os mais conhecidos, definem "religião" em termos mais internos e íntimos que nossas escolhas litúrgicas. Por mais que cada um desses autores tenha suas especificidades, a síntese de suas ideias é que a religião de alguém não é definida apenas em esforços de busca por um Deus pessoal, mas em qualquer busca por uma origem absoluta de toda a diversidade temporal do sentido diante do qual temos sentimento de criatura, em dependência, finitude, êxtase de fascínio e assombro, e uma energia em atividade militante que afeta nossos hábitos e comportamentos morais. Isso significa que nós podemos ter uma religião externa e consciente, mas outras religiões em nosso coração, muitas vezes internas e inconscientes, muito mais baseadas nas adorações do nosso interior do que nas músicas que cantamos na igreja. É assim que entramos no terreno pedregoso da idolatria.

Ao falar de idolatria, geralmente imaginamos homens prostrados diante de uma estátua, em uma idolatria *exterior*. Protestantes acusam católicos-romanos, católicos acusam animistas, e por aí vai. Pensamos em rituais sagrados de culturas antigas. Essa imagem, no entanto, representa apenas parte do fenômeno da adoração concorrente ao único Deus verdadeiro. Segundo David Clarckson, em *Idolatria Secreta*, a idolatria "é dar aquela honra e adoração à 'criatura' que é devida apenas ao Criador".[2] Essa definição torna o fenômeno da idolatria algo mais abrangente do que estamos por vezes acostumados, e é amplamente coerente com uma teologia bíblica da idolatria do coração. Existe uma idolatria que acontece no interior dos indivíduos, e que diz respeito a ímpetos religiosos projetados em elementos da criação – uma idolatria *interior*. Por mais que as manifestações externas da idolatria sempre tenham origens interiores, não é incomum que ídolos interiores não se manifestem em prostração diante de alguma estátua.

AS RELIGIÕES MANIFESTAS NA IDOLATRIA NO CORAÇÃO

Às vezes, imaginamos que "idolatria no coração" é apenas um esforço de pastores para falar dos textos contra idolatria nos sermões em uma cultura na qual imagens de bois não são mais objetos de adoração, mas

---

2 CLARCKSON, D. *Idolatria secreta*: os atos idólatras no coração do homem. Natal: Nadere Reformatie Publicações, 2019.

esse não é o caso. É notável que falar de ídolos interiores não é uma aplicação devocional de uma teologia da idolatria, mas algo desenvolvido nos próprios textos bíblicos. Já nos tempos do Antigo Testamento encontramos Jeová denunciando ídolos cuja habitação não eram postes ou montanhas, mas interiores do coração.

No livro de Ezequiel vemos os anciãos das comunidades da diáspora reunidos na casa do profeta (8:1; 14:1; 20:1), que servia como uma espécie de sinagoga embrionária.[3] Em uma dessas reuniões, falando ao profeta, Jeová relata a idolatria interior dos anciãos de Israel: "Estes homens ergueram ídolos em seus corações e puseram tropeços ímpios diante de si" (14:3). Ele não está falando apenas do povo, mas até dos maiorais de Israel, os que deveriam ser pastores daquela comunidade, os exemplos de fidelidade a Deus. A expressão "tropeços ímpios" é usada várias vezes em Ezequiel, e geralmente em referência aos ídolos (7:19; 14:3,4,7; 18:30; 44:12). O verbo "ergueram" (*he'ĕlū*, הֶעֱלוּ) é a forma causativa de *alah* (עָלָה), e comunica a elevação interior de um totem-ídolo, como o erguer metafórico de uma estátua.[4] Geralmente, ídolos eram postos sobre postes, pois a importância daquela representação da divindade não permitia normalmente que fossem adorados no chão. Essa idolatria se deu no coração (*libbām*, לִבָּם). A raiz *leb* (לֵב) designa a faculdade racional, bem como o lugar da vontade moral. Dessa forma, "erguer no coração" é uma linguagem metafórica para se comprometer intimamente com algo. Há uma ideia de obstinação em "puseram [...] diante de si", retratando a idolatria como um "estado de espírito" intencionalmente fixo.[5]

Deus está dizendo que era possível ser idólatra sem se ajoelhar a qualquer imagem. Eles adoravam outros deuses, mas o único ambiente de culto do qual eles participavam era o do Deus vivo. Eles não estavam nos rituais a Moloque ou a Baal. Eles estavam na casa do profeta e viviam junto ao povo de Deus. O comportamento poderia ser ilibado, já que eram

---

3 BLENKINSOPP, J. *Ezekiel*: Interpretation, A Bible Commentary for Teaching and Preaching. Louisville, KY: Westminster John Knox, 1990. p. 71.

4 JENSON, R. W. *Ezekiel* (Brazos Theological Commentary on the Bible). Baker Books, 2009. p. 116.

5 BLOCK, D. I. *The Book of Ezekiel, Chapters 1-24* (The New International Commentary on the Old Testament). Wm. B. Eerdmans Publishing, 1997.

os anciãos da casa de Israel, mas eles tinham ídolos secretos. Esses postes de adoração a falsos deuses não estavam escondidos em algum porão a sete chaves, cuja entrada se daria por uma escotilha nos fundos da casa, mas eram guardados em um lugar ainda mais inacessível. Esses altares estavam no profundo do coração de cada um, escondidos na mente, nos sentimentos, nos afetos, nas afeições, nos valores, nos hábitos e nos amores. Em outras palavras, mesmo que aqueles anciãos no exílio estivessem dispostos a práticas externas ortodoxas, eles estavam contaminados com o mesmo pecado dos que foram abandonados em Judá: a idolatria.[6] A adoração interior era contrária à adoração exterior. O que eles faziam para fora indicava uma religião, mas, por dentro, havia outros deuses sendo adorados. Ainda que o povo de Judá tivesse ídolos externos e visíveis, o povo de Israel tinha ídolos internos e invisíveis.

É importante sermos sinceros sobre nossos próprios corações. Costumamos nos esconder não apenas dos outros, mas de nós mesmos. Se pensamentos ruins surgem sobre quem somos, logo imaginamos ser uma seta do diabo, um problema de autoestima ou nada mais que frutos de um dia ruim. Anestesiamos nossas consciências com inutilidades eletrônicas, joguinhos de celular, redes sociais e leituras populares. Ao não gastarmos tempo lendo nossas próprias almas, descortinando quem somos diante de Deus em oração, perdemos a bênção de julgar nossa própria fé e analisar se ainda estamos sendo feridos pela Palavra. Ídolos são sorrateiros; alojam seus altares em zonas por vezes inalcançáveis. Se não estivermos dispostos a olhar para dentro de nós, suas raízes se aprofundam cada vez mais.

É notável que Deus diga que os ídolos dos corações desses homens estejam erguidos. Nossa verdadeira religião está relacionada a algo que erguemos no nosso interior, que levantamos alto acima de tudo, para onde tudo aquilo que nos é interno pode olhar. Há uma elevação de valor e uma obstinação em direção. Dessa forma, podemos identificar nossos ídolos ao olharmos para o que consideramos mais elevado do que tudo dentro de nós: aqueles aspectos da vida e da realidade para

6 DUGUID, I. M. *Ezekiel*: NIV Application Commentary. Grand Rapids: Zondervan, 1999.

onde olhamos em nossas tomadas de decisão e que afetam nossos comportamentos. Coisas que obstinadamente desejamos manter altas diante de nós.

É por isso que a idolatria sempre gera pecado. Você anda de acordo com a ética do ídolo. A profecia não detalha os moldes dessa idolatria para além da prática de "abominações" e "iniquidades" (v. 4-8), mas isso já descreve suficientemente a energia da idolatria. A religião interior, por mais oculta que seja, não consegue ficar restrita ao que é interno e invisível. Ídolos cobram postes e altares porque não se contentam com as sombras. Por mais que o homem tente manter seus maus desejos dentro dele, há uma pressão de represa esperando a menor das rachaduras para transbordar externamente. Você acha que a lascívia não vai afetar seu casamento, ou que o orgulho não vai destruir suas amizades, ou que a preguiça não vai afetar seu emprego – e você pode ter razão por um tempo. No entanto, logo surgem as abominações e iniquidades como frutos de toda idolatria. Muitos trocam de religião para poder pecar em paz, porque, no fim das contas, a verdadeira religião era o pecado.

Pedro estava afundado na imoralidade sexual, chegando ao nível da criminalidade. Ele se tocava enquanto interagia com mulheres na rua, de dentro do seu carro. Ele me procurou depois que sua esposa descobriu que ele abusou sexualmente de uma menor de idade. É uma conversa difícil de ter, e cobra muita cautela. Tentando entender o quadro completo, perguntei quando aquilo tinha começado. A resposta não era surpreendente. Começou com a pornografia, que pouco a pouco cobrava tipos mais abjetos e bizarros de performances sexuais, e logo passou a não se bastar. O ídolo não se contentava com pouco, e desejava cada vez mais adoração. As abominações e iniquidades só foram crescendo.

Para quem segue a Cristo, os pecados se manifestam como falhas de percurso. Você está na boa estrada da salvação, mas o pneu fura vez por outra. Para o idólatra, no entanto, os pecados são frutos de uma estrada errada, de um caminho enganoso. Para o salvo, o pecado é uma anomalia; para o escravo dos ídolos, o pecado é nada mais que a ética esperada pelo deus adorado no interior. Por vezes somos rápidos em julgar certas batalhas morais como conflitos dentro da luta da fé, mas deveríamos considerar se as nossas falhas não são nada mais que o resultado de ter outra fé. Pedro era frequente na igreja em que congregava, mas há tempos caminhava longe da fé.

AMOR ÀS RIQUEZAS: ENTRANDO NO TEMPLO DE *MAMMON*

No Novo Testamento, a questão da idolatria interior é delineada com mais detalhes. Em Mateus 6, essa religião do coração é descrita de forma minuciosa pelo próprio Cristo, e a ganância é apresentada em termos de adoração. Ainda que fale especificamente sobre posses, o modo como Jesus descreve o apego às riquezas pode ser usado para qualquer apego idólatra do nosso coração: "Ninguém pode servir a dois senhores; porque ou irá odiar um e amar o outro, ou irá se dedicar a um e desprezar o outro. Vocês não podem servir a Deus e às riquezas" (v. 24, NAA). Amar os recursos é descrito em termos de serviço a um senhor, em contraste com o senhorio do Deus vivo. É possível perdermos o significado primário do texto ao acreditarmos que *mammon* (traduzido aqui por "riquezas") é o nome de alguma entidade demoníaca responsável pela ganância. Quando percebemos que o aramaico *māmōnā'* significa essencialmente "posses",[7] parece mais provável que Jesus não está nomeando algum demônio específico, mas usando uma palavra da língua comum de seus ouvintes. O contexto de adoração e senhorio leva alguns à confusão de pessoalizar "mamom" como um deus, justamente porque Jesus está falando de uma adoração a uma falsa divindade. No entanto, o ídolo aqui são as riquezas.[8]

Segundo Cristo, podemos identificar um ídolo ao identificar a que servimos e a que nos dedicamos, considerando essa energia do impulso

---

7 O termo μαμωνᾶς aparece apenas mais três vezes no Novo Testamento, todas no evangelho de Lucas, e translitera um termo aramaico cuja derivação é incerta, mas que provavelmente provém de uma raiz que significa "aquilo em que alguém confia", e que passa a significar "riqueza, propriedade" (HAUCK, F. *Theological Dictionary of the New Testament*. v. 4. Grand Rapids, 1964-76. p. 388).

8 Cf. MacARTHUR, J. F. *Matthew 1-7* (The MacArthur New Testament Commentary). Moody Publishers, 2011; FRANCE, R. T. *Matthew*: Tyndale New Testament Commentaries. Grand Rapids: Eerdmans, 1985.

religioso. O seu deus é aquilo a que você serve, é aquele a quem você é submisso; é aquele com quem você estabelece uma íntima relação de obediência. O seu interesse diário tem sido fazer a vontade de quê? Quando acordamos de manhã, costumamos precisar de alguma força motivadora que nos faça aguentar o dia para além do primeiro banho ou do café matinal. Que força é essa que justifica todo o emprego de energia ao longo das nossas vidas? Podemos ter como ídolos a vida acadêmica, profissional, financeira, emocional, relacional, tátil ou psicológica quando alguma dessas coisas se torna nosso objeto de serviço e obediência diário, como principal força motivadora, tomando o lugar pertencente ao Deus vivo. Nossos serviços aos deuses são identificados pelos reinos que estamos ajudando a construir. Servos deveriam servir seus senhores como que servindo ao Senhor, e não aos homens (Efésios 6:7), porque existe um serviço de adoração em cada um de nossos comportamentos, sejam profissionais, acadêmicos, familiares ou em qualquer área da nossa vida.

Nossas vidas comuns são vividas em referência a alguma glória. Aos coríntios, Paulo deseja que, quer comendo ou bebendo, façamos tudo para a glória de Deus (1Coríntios 10:31). A glória do nosso Senhor deve ser o absoluto que dá sentido aos particulares da existência. A quem servimos em nosso comer e beber revela nossas verdadeiras adorações. Se trabalhamos apenas pelo dinheiro, sem nos importarmos com glorificar o nome do Senhor com nosso serviço ao mundo, estamos fazendo do dinheiro a glória das nossas ações, e a ele prestamos adoração. Se nos casamos apenas para satisfazer carências afetivas, e não para que Deus seja glorificado com um lar que o louva, estamos idolatrando o matrimônio em vez do Deus que criou o matrimônio. As coisas não podem se bastar, porque, quando isso acontece, perdemos a vontade de glorificar o Deus de todas as coisas em tudo o que fazemos. De fato, não existe atuação neutra na vida. É impossível não adorar. Ou você adora o Deus do seu emprego ou seu emprego é seu deus; ou você adora o Deus do teu dinheiro, ou teu dinheiro é teu deus. Se você faz as coisas pelas coisas, você está adorando as coisas. A questão sempre será a quem estamos adorando.

É impossível servir dessa forma ao Deus vivo e aos falsos deuses, porque existe um obscurecimento de tudo aquilo que não é o alvo de adoração, já que o serviço a um senhor gera ódio pelos outros senhores. A relação de senhorio, aqui, está relacionada com escravatura (*douleúein*, δουλεύειν, "servir como um escravo"). Um homem certamente pode ter dois empregadores, mas não pode ser escravo de dois senhores.[9] Nós não podemos servir a dois senhores, assim como não podemos andar em dois caminhos opostos ao mesmo tempo.[10] Uma hora os serviços vão entrar em conflito, e você precisará escolher a quem obedecer. Você será incapaz de continuar coxeando entre dois caminhos, e um dos dois deuses vai se perder no seu interior. Por isso João Calvino escreveu que "[o]nde as riquezas detêm o domínio do coração, Deus perdeu sua autoridade".[11] A idolatria interior diminui o amor que temos pelo Deus verdadeiro e único.

A perícope fala dessa adoração em termos de entesouramento e depósito do coração (v. 19-20), pois o coração do homem está depositado naquilo que ele entesoura (v. 21). É um amor que concede a origem absoluta de toda a diversidade temporal do sentido. Você considera de valor inestimável coisas que não são tão importantes assim. É notável que falsos ídolos geram tipos religiosos daquilo que chamamos na economia de *malinvestments*, más alocações de recursos em investimentos que não dão o retorno esperado. Em vez de entesourar no coração algo que é eterno, entesoura-se itens frágeis, perecíveis e passíveis de roubos (v. 19). Aquilo que nós acumulamos revela algo sobre nosso interior. Dedicar tempo ajuntando bens e recursos pode revelar um coração que tem por tesouro as posses e as riquezas. Idolatrar as posses produz um prejuízo muito maior que qualquer intempérie financeira. É um mau investimento da alma.

Para identificar idolatrias, precisamos identificar tesouros. É importante saber o que é que guardamos com mais força e entendemos ser

---

9 FRANCE, R. T. *Matthew*: Tyndale New Testament Commentaries. Grand Rapids: Eerdmans, 1985.

10 MacARTHUR, J. F. *Matthew 1-7* (The MacArthur New Testament Commentary). Moody Publishers, 2011.

11 CALVIN, J. *A Harmony of the Evangelists Matthew, Mark, and Luke*. v. 1. Grand Rapids: Baker, 1979. p. 337.

mais valioso. A nossa religião está relacionada ao que batalhamos para ter cada vez mais e ao que nos sentimos mais pobres ao perder. Se nossas riquezas são espirituais, não nos sentimos realmente empobrecidos nas privações de bens. Se nosso tesouro está na outra vida, lutamos para acumular recursos vindouros mais que para acrescer números na conta bancária. É sinal de alerta que nos sintamos mais pobres quando falta reputação, segurança, elogio, sucesso ou qualquer outro elemento da criação que tratamos por deus.

Quando as coisas da vida se tornam nossos tesouros religiosos e as perdemos, passamos por crises no âmago da fé. Perder o emprego não é ficar sem fonte de renda momentaneamente, mas perder todo o tesouro da existência. Não ser aprovado no mestrado se equipara à perda da fé religiosa. Não conseguir que os filhos realizem seus sonhos frustrados como pai é como passar da fé ao ateísmo, porque seu ídolo não mais se satisfaz. Teu deus morre, e não há ressurreição no terceiro dia. Você quebra por dentro, porque ídolos de barro não suportam nem as menores quedas.

Jesus instrui que os homens não se preocupem com as posses, justamente porque a adoração se dá em termos daquilo que toma conta de nossos maiores anseios (v. 25-28, 34). *Merimnaō* expressa essencialmente um estado de espírito de preocupação exagerada. Isso sem dúvida será revelado na atividade frenética (energia), "mas o foco de Jesus está principalmente na atitude mental, e não na sua execução prática".[12] Mesmo assim, esse serviço religioso fala daquilo que é posto em primeiro lugar na vida do indivíduo. Buscar em primeiro lugar o Reino de Deus e sua justiça é o oposto da idolatria; assim, ídolos são identificados naquilo que o homem mais busca (v. 32-33), refletindo nos seus hábitos exteriores.

O ídolo é aquilo que nos preocupa. Quando as coisas são nossos ídolos, estamos constantemente ansiosos acerca do que vamos comer, beber, vestir ou morar. Quando Deus é nosso Senhor, as outras preocupações ficam nubladas. Nossa religião está atrelada àquilo que

---

12 FRANCE, R. T. *Matthew*: Tyndale New Testament Commentaries. Grand Rapids: Eerdmans, 1985.

pensamos todo dia em conquistar, que todo dia tememos que falte. Deveríamos ter medo diariamente de sair do bom relacionamento com o Senhor, deveríamos temer a Cristo. Quando tememos perder os cargos, os poderes, as capacidades, as benesses, estamos demonstrando que nossas preocupações são diferentes de preocupações com o Reino. Revelamos idolatrias.

A melhor forma de nos opormos às nossas idolatrias é buscando o Reino em primeiro lugar. É deixando nossos ídolos de lado e nos preocupando com o Senhor acima de qualquer outra coisa. A idolatria interior, então, é justamente aquilo que compete com colocar o Deus vivo em primeiro lugar. Essa é certamente uma das melhores formas de identificar nossa verdadeira religião e os deuses que adoramos no coração: O que está em primeiro lugar na sua vida? O que você busca acima de qualquer outra coisa? Respostas fáceis são desperdícios de autoanálise. É importante pararmos para analisar nosso próprio coração. Precisamos ter convicção de que fazemos o que fazemos em cada área da nossa vida para que Cristo receba a glória que ele merece, acima de qualquer coisa.

Os versos anteriores (22-23) chamam atenção por falar dos olhos sendo afetados por essa idolatria interior, e são explicados pelos versos subsequentes: "Os olhos são a lâmpada do corpo. Se os seus olhos forem bons, todo o seu corpo será cheio de luz; se, porém, os seus olhos forem maus, todo o seu corpo estará em trevas. Portanto, se a luz que existe em você são trevas, que grandes trevas serão!". Por "lâmpada" (*lúkhnos*, λύχνος), Jesus não está dizendo que o olho é a fonte de luz para o nosso corpo, mas que é por meio do olho que a luz é percebida. Segundo William Hendriksen, é dos olhos que "todo o corpo depende para iluminação e direção. É por causa dos olhos que um homem é capaz de fazer uso da luz".[13] Por isso ele é chamado de "luz" ou "lanterna do corpo" quando é "bom", no sentido de "saudável" (ἁπλοῦς). Olhos doentes deixam o corpo cheio de escuridão.[14]

---

13 HENDRIKSEN, W. *Exposition of the Gospel according to Matthew*. Baker Academic, 1973.

14 MORRIS, L. *The Gospel According to Matthew*: The Pillar New Testament Commentary. Grand Rapids, Michigan: William B., 1992.

O que Jesus está dizendo é que a idolatria afeta a capacidade de ver. Olhos maus trazem escuridão para todo ser humano. Ao elevar algum elemento da criação como uma divindade substituta ou concorrente ao Deus vivo, o homem obscurece sua própria capacidade de enxergar a criação de modo apropriado, julga o valor das coisas de modo invertido e se entrega a trevas morais cada vez mais profundas. Os deuses afetam sua capacidade de enxergar as coisas. Hendriksen percebe bem que a idolatria às riquezas faz com que "o próprio órgão de recepção da luz [seja] obscurecido pelo pecado", de modo que, ao perder o objetivo da promoção da glória de Deus, "essa pessoa perde tudo".[15]

No próximo capítulo, lidaremos com os efeitos da idolatria na mente, em detalhes, mas há um pormenor nessa questão sobre os olhos. A idolatria está atrelada ao modo como se enxerga. Seus olhos se tornam doentes quando são olhos idólatras, porque você passa a enxergar tudo pelas lentes da idolatria. Um jovem me confidenciou certa vez que, quando era tomado pela pornografia, todo mundo à sua volta se tornava apenas um pedaço de carne. Por causa da idolatria, os outros se tornavam apenas meios de satisfação de desejos sexuais. Como o ídolo nunca se contenta com o coração, logo iniquidades se manifestam e adultérios e promiscuidades surgem. Para quem idolatra dinheiro, os outros nada mais são do que clientes em potencial. Quando se idolatra a reputação, os outros são vistos apenas como modos de fazer você se sentir bem consigo mesmo. Você vive enxergando tudo como uma forma de servir ao seu deus.

Marcos demorou algumas sessões de discipulado para puxar o assunto, meio de supetão. Ele cometeu algumas fraudes no trabalho, e tomou ilegalmente algumas dezenas de milhares de reais. Sempre que as coisas apertavam, voltava e fraudava novamente. Ele dizia que não conseguia viver com o que ganhava e, sempre que voltava ao trabalho, era atormentado por pensamentos frequentes de como roubar um pouco mais. O problema é que Marcos dirigia um carro importado, morava em uma casa grande e fornecia viagens nababescas para sua família. Ele

---

15 HENDRIKSEN, W. *Exposition of the Gospel according to Matthew*. Baker Academic, 1973.

dizia que roubava por necessidade, mas sua definição de "necessidade" era serva de sua idolatria. Todo o seu modo de ver o que era uma vida digna era regido por ganância. Ele adorava o dinheiro e o que o dinheiro proporcionava, e estava disposto a ir preso por isso. Não é difícil perceber como identificar as idolatrias passa por identificar como nós olhamos para o mundo e em serviço de que nós sujeitamos tudo. Marcos tinha o seu deus.

GANÂNCIA POR SEXO: IMORALIDADE COMO ADORAÇÃO

As epístolas paulinas igualmente trazem algo acerca do assunto. Romanos 1:18-31 também mostra as relações de adoração interior. Paulo descreve o fenômeno externo da idolatria como uma troca da "glória do Deus incorruptível por imagens semelhantes ao ser humano corruptível" (v. 23). O conceito bíblico de "glória" (*doxa*, δόξα) geralmente diz respeito ao esplendor e à majestade que pertencem intrinsecamente ao único Deus verdadeiro.[16] A idolatria rejeita esse esplendor para adorar a seres inferiores, mais à imagem do próprio ser humano e de outros elementos da criação. É a glorificação de si mesmo, já que o homem adora o que é parecido consigo. Aqui, a religião idólatra se mostra uma projeção. O homem põe seu impulso religioso em tudo aquilo que parece consigo, em vez de colocá-lo no Deus transcendente e santo. É um desejo por adoração do que é igual. O teólogo escocês James Dunn (1939-) comenta essa passagem com eloquência:

> Como o próprio Paulo implica tão claramente, a criatura humana é obrigada por sua própria natureza a adorar e servir algo além de si. Portanto, se ela rejeitar o único digno de sua adoração e serviço, é inevitável que direcione esse impulso básico para um objeto inferior e, assim, reduza sua própria estatura em consequência.[17]

---

16 DOUGLAS, J. M. *The Epistle to the Romans* (The New International Commentary on the New Testament). Grand Rapids, Michigan: William B., 1996. p. 108.

17 DUNN, J. *Romans 1-8* (Word Biblical Commentary). Dallas, TX: Word Books, 1988.

Paulo está falando, inicialmente, de uma idolatria externa, a estátuas e elementos da natureza, como era tão comum nos pagãos. Os gentios se prostravam diante de representações de homens e animais, como se estivessem adorando realmente a alguma divindade. Rapidamente, no entanto, há um aprofundamento na exposição de Paulo acerca da idolatria, uma vez que ela se converte ligeiramente em uma desonra do próprio corpo através do ato homossexual, de acordo com os desejos do coração, "adorando e servindo à criatura em lugar do Criador" (v. 25-28). O comportamento homossexual é tratado como um ato de adoração à criatura, em detrimento da adoração a Deus. O motivo não é explicitado por Paulo, mas contextualmente parece estar relacionado com essa adoração à criatura, na qual a idolatria se manifesta como uma projeção de si no próprio objeto de adoração. É um desejo por adoração do que é igual. Homens e mulheres agora procuram prazer sexual no semelhante, em vez do diferente. O louvor de si que se manifesta no coração desponta, então, em sexo com o igual, pois adorar e servir à criatura não aparece no texto como uma prostração religiosa a indivíduos, mas como comportamentos sexuais desviantes. A imoralidade era uma adoração.

Isso mostra como a idolatria nos transforma no que é mais íntimo. Assim como somos feitos à imagem e semelhança do Deus vivo, nós nos transmutamos à imagem daquilo que adoramos no nosso interior. As orientações sexuais acabam deturpadas por conta de nossos pecados mais íntimos. Ainda que as origens da homossexualidade sejam muito debatidas em nível biológico, social, cultural e psicológico, uma coisa é certa: há claramente uma origem nas idolatrias do coração, que são muitas vezes intrínsecas à nossa condição de homens caídos em Adão. O pecado nos destruiu, e nos destruiu no que é mais profundo e íntimo, como a sexualidade.

É horrível que haja uma retroalimentação na idolatria. Criamos ídolos à nossa imagem e semelhança, e acabamos sendo criados à imagem das idolatrias que criamos. Você se torna aquilo que adora, como veremos em capítulos próximos. Podemos identificar nossos ídolos percebendo à imagem de que estamos nos transformando ao passar dos anos. Crescemos em tantas coisas, e muito dos nossos crescimentos pode ser nada mais que aperfeiçoamento na idolatria. Nossas mudanças ao longo do tempo precisam evidenciar um coração que adora ao Senhor. Muitas de nossas qualidades – algumas até úteis ao Reino – podem surgir como ídolos. Aprendemos a liderar melhor porque amamos mandar, aprendemos a falar melhor porque amamos aparecer, aprendemos a servir melhor porque amamos reconhecimento. Somos transformados à semelhança dos ídolos, até quando essas mudanças parecem crescimentos. É sempre importante desconfiarmos das intenções do nosso interior.

Em outras epístolas, o apóstolo Paulo descreve o mesmo em relação a desejos pecaminosos. Ele diz que certas disposições morais interiores são idolatrias tanto quanto aquilo que se dá na exterioridade: "Porque bem sabeis isto: que nenhum [...] avarento, o qual é idólatra, tem herança no reino de Cristo e de Deus" (Efésios 5:5). A carta paralela, escrita simultaneamente pelo mesmo autor, expressa de forma quase idêntica: "Assim, façam morrer tudo o que pertence à natureza terrena de vocês: [...] a ganância, que é idolatria" (Colossenses 3:5). Em Efésios, avarento (*pleonektés*, πλεονέκτης) geralmente significa "pessoa gananciosa".[18] Em Colossenses, ganância (*pleonexia*, πλεονεξία) fala de "avareza" e "cobiça".[19] São linguagens que representam "desejo desordenado". Em ambos os contextos, Paulo está falando de imoralidade sexual, impureza sexual, paixões e maus desejos. Desse contexto, talvez o sentido de "avarento" e "ganancioso" fale mais de libido que de recursos financeiros. Nessas passagens, a idolatria interior está relacionada ao desejo desordenado por algo – aqui, uma ganância por sexo.[20]

Mais uma vez, com muita clareza, lemos que algo que acontece no nosso coração em termos de desejos é uma idolatria, uma adoração. Aqui, o desejo sexual errado é uma cobiça idólatra, uma vontade

---

18 LOUW, J.; NIDA, E. *Léxico grego-português do Novo Testamento baseado em domínios semânticos*. São Paulo: Sociedade Bíblica do Brasil, 2013, 25.23.

19 LOUW, J.; NIDA, E. *Léxico grego-português do Novo Testamento baseado em domínios semânticos*. São Paulo: Sociedade Bíblica do Brasil, 2013, 25.22.

20 O'BRIEN, P. T. *Ephesians* (The Pillar New Testament Commentary). Grand Rapids, Michigan: William B., 1999.

de posse que provém do serviço a um falso deus. O teólogo britânico Andrew Lincoln resume bem o significado teológico desses versos: "Toda idolatria é uma forma de cobiça".[21] Podemos identificar nossos ídolos identificando aquilo que cobiçamos de modo desordenado. Toda idolatria é uma libido, uma vontade quase sexual por algo. O livro de Cantares fala sobre o impulso sexual não satisfeito como "estar doente de amor". A idolatria é uma paixão doentia, como uma ânsia de libido sexual que adoece a alma. É uma doença no corpo que provém de um desejo da carne. Identificamos os ídolos identificando a nossa lascívia, nossa libido. O homem de Deus tem um desejo íntimo pelo Senhor, uma vontade de fazer seu nome conhecido e de propagar seu Reino. Uma vontade por Deus mais intensa que qualquer paixão da carne.

Ninfomaníaca é um filme dividido em duas partes, escrito e dirigido pelo controverso cineasta dinamarquês Lars von Trier, estreado em 2013, e compõe o terceiro filme da *trilogia da depressão*, precedido por *Anticristo* (2009) e *Melancolia* (2011). O título do filme já deixa explícito que não é algo que cristãos deveriam assistir, mas a obra se tornou famosa no mundo da análise cinematográfica pela descrição de onde o vício por sexo pode levar alguém. Joe, a personagem principal que recebe o título do filme, vai de uma jovem comum a alguém que perdeu a família, fez um aborto em si mesma com utensílios domésticos, tem o próprio órgão sexual destruído e acaba na criminalidade, envolvida com os tipos mais pérfidos, como pedófilos. Ao fim, ela acaba por assassinar seu confessor. Eu avisei que não é o tipo de obra que cristãos assistem (talvez você precise respirar um pouco depois de ler o enredo do filme, assim como eu precisei).

O filme de von Trier é a epítome da destruição idólatra da sexualidade, mas não é mera ficção. Poucas coisas são mais poderosas em nossa cultura que o prazer sexual, que é certamente um deus poderosíssimo. Hollywood lança 11 mil filmes adultos por ano, o que constitui mais de 20 vezes a produção de filmes convencionais. As receitas de 2006 da indústria de sexo e pornografia nos Estados Unidos são maiores do

---

21 LINCOLN, A. T. *Ephesians* (Word Biblical Commentary, v. 42). Dallas, TX: Word Books, 1990.

que NFL, NBA e Major League Baseball juntas, totalizando 13,3 bilhões de dólares. As vendas mundiais da indústria do sexo em 2006 são de 97 bilhões de dólares (no mesmo ano, a Microsoft registrou vendas de 44,8 bilhões). Em 2016, um único site pornográfico teve 91.980.225.000 vídeos vistos pelos usuários. Sim, quase 92 bilhões de visualizações. Hoje, o tráfico de seres humanos é o segundo maior crime organizado no mundo. Apenas o tráfico para exploração sexual gera 27,8 bilhões de dólares por ano.[22] Se o sexo é um deus, ele certamente governa o mundo de muitos devotos fiéis.

A ORIGEM DE TODOS OS PECADOS

Se está certo que a religião de um indivíduo fala de todo o seu impulso interior por razão e sentido, isso explica por que Paulo trata a idolatria como o pecado *radical*, no sentido de estar na raiz de todos os outros pecados. Em Romanos 1, o apóstolo diz que a essência do pecado está em deixar de confiar em Deus para confiar em outro elemento da criação mais próximo da criatura que do Criador (v. 24-28). Seria dessa relação de idolatria interior que todos os outros relacionamentos pecaminosos surgiriam, como ele explica delongadamente dos versos 29 a 32. Para Paulo, a idolatria é a essência do pecado, porque o interior do homem está sempre manifestando suas religiões.[23]

A leitura de Paulo é totalmente coerente com o relato do Pecado Original, quando a idolatria de si foi a raiz da Queda da humanidade. O interesse de Adão e Eva, acima de qualquer outro, era de se tornarem "como Deus" (Gênesis 3:5). Adão e Eva já exerciam um tipo elevado de assemelhação divina, tendo sido criados à imagem e semelhança do Senhor, e dotados de governo e domínio sobre toda a criação. O homem, não contente com uma soberania limitada, permite-se perder parte daquilo que tinha do divino em nome de uma busca por usurpar o lugar do

---

22 Os dados são do ministério *I am a Treasure*. Disponível em: http://iamatreasure.com/about/stats/. Acesso em: 28 mar. 2020.

23 Cf. BEALE, G. K. *Você se torna aquilo que adora*: uma teologia bíblica da idolatria. São Paulo: Vida Nova, 2014. p. 202.

Criador. Há uma idolatria primordial de si mesmo na origem da condição pecaminosa humana. Tudo o que proveio de imoralidade e depravação depois de Adão e Eva vem como fruto direto da idolatria do ego em uma busca por ser como o Senhor. A idolatria é um pecado universal: todo pecado é uma idolatria, e todos somos idólatras por natureza.

Por isso, os cristãos encontrarão na raiz de todos os seus comportamentos pecaminosos uma gama de pecados, como narcisismo, orgulho e egoísmo, uma vida autocentrada que pode ser definida como *egolatria*. Isso explica por que um crente maduro pode vencer totalmente a preguiça, ou largar totalmente o alcoolismo, mas nunca estará livre plenamente do orgulho. Um crente pode ser totalmente monogâmico, ou plenamente pontual, mas nunca absolutamente humilde. Podemos vencer atos idólatras, mas nunca nossa idolatria fundamental. Por isso Paulo diz aos crentes: "meus amados, fugi da idolatria!" (1Coríntios 10:14). A idolatria é um risco real aos que amam ao Senhor, porque todos idolatramos a nós mesmos de muitas formas.

A gravidade da egolatria como a origem de todos os pecados é que todo homem está em batalha contra o *Erro de Narciso*, como descreveu o filósofo francês Louis Lavelle. O mito de Narciso é muito conhecido, e foi preservado em várias versões nas *Metamorfoses* de Ovídio, no *Guia para a Grécia* de Pausânias, e por Partênio, nos *Papiros de Oxirrinco*. Tirésias prenunciou que Narciso viveria longamente, desde que nunca contemplasse a própria imagem. Em um lago, no entanto, ele vê o próprio reflexo e, apaixonado por si, morre afogado na busca pela própria figura. Louis Lavelle interpreta o mito dizendo que Narciso "se afasta de si para se ver e se lança em direção a si para se capturar". A idolatria de nós mesmos nos afasta de quem realmente somos; na busca por nos transformarmos em deuses, afogamo-nos nas águas do pecado. Dessa forma, Narciso tenta gozar da essência de si, e acaba sucumbindo ao drama de ter apenas de sua aparência. O homem se perde em si. Lavelle continua: "Foi-lhe necessário abandonar-se para dar a seu amor um objeto que se aniquilaria se se unisse a ele". Ele tenta tocar no objeto de seu amor, mas aquilo não passava de uma imagem que some ao ser tocada, e ele mesmo sucumbe ao tentar se aproximar da projeção de si. Então, acaba separado de si mesmo, transportado "a um mundo ilusório no qual sua própria existência se dissipa e lhe escapa".[24]

Louis Lavelle percebe que todos temos um Narciso interior, mas ele está longe de ser o único. Em *Idolatria do coração*, o teólogo presbiteriano Filipe Fontes fala de três níveis de idolatria que guiam os comportamentos pecaminosos. Primeiro, há uma *idolatria fundamental*, uma idolatria de si mesmo, na qual nosso "eu" é o ídolo maior. É nossa idolatria mais profunda e que dá vazão aos outros ídolos. Daí, surge um segundo nível de idolatria, uma *idolatria geral* (que ele chama de "ídolos intermediários"), manifesta em carências como segurança, reconhecimento, prazer etc. São grandes áreas, nem sempre pecaminosas, em que os ídolos se manifestam. Daí, surgem as idolatrias mais comuns, no que Fontes chama de *idolatria funcional*, incluindo uma pessoa, um objeto específico, um relacionamento, uma ideia, um objetivo, um grupo social ou qualquer elemento da criação.[25]

Filipe Fontes nos mostra, com isso, que todos nós passaremos nossos dias terrenos lutando contra os ídolos. Idolatrias não são coisas que vivenciamos no início da fé e então deixamos de lado em nível final. Podemos vencer os pecados com "p" minúsculo (idolatria funcional), mas nunca superaremos nesta vida a luta contra o Pecado com "P" maiúsculo (idolatria fundamental). As moradas do nosso coração precisam ser constantemente averiguadas, cuidadas e protegidas. Ídolos sempre tentarão se apossar de nós, e vivemos em uma guerra entre deuses. Na história do povo de Israel, constantemente as idolatrias voltavam. Não há como nos livrarmos definitivamente da origem de todos os pecados. Apesar de perdermos muitas batalhas, nossa glória é saber que, no último dia, Cristo destruirá todos os nossos ídolos, e apenas ele reinará para sempre em nós.

---

24 LAVELLE, L. *O erro de Narciso*. São Paulo: É Realizações, 2012. p. 38.

25 FONTES, F. *Idolatria do coração*: um inimigo ignorado. Brasília: Editora 371, 2019. p. 52-53.

QUAL SUA RELIGIÃO?

O escritor britânico Roald Dahl é famoso por escrever *A fantástica fábrica de chocolate*, mas foi no pequeno livro infantil *Os Minpins* que escreveu: "Quem não acredita em magia nunca a encontrará".[26] Isso pode ser verdade sobre reinos fantásticos da literatura, mas não é verdade para a religião. Geralmente, quem menos acredita em religião é quem mais a encontra. O problema de não acreditar em Deus não está apenas no que se deixa de acreditar, mas naquilo que se crê em substituição.

Qual sua religião? As passagens bíblicas apresentam um caminho de identificação das idolatrias. Nós identificamos falsas religiões percebendo que os ídolos são senhores erguidos no interior do homem a quem se presta serviço exclusivo, entesourados como dotados de valor superior e tidos como receptáculos de preocupação exagerada. São projeções de si que recebem glória e são vistas em esplendor, e por isso são manifestas como desejos desordenados por algo. Os ídolos mudam a forma como se vê o mundo, e movem o homem à militância, uma atividade frenética que se manifesta como um estado de espírito intencionalmente fixo. O resultado são as práticas de abominações e iniquidades. Nisso você encontra suas religiões.

A idolatria está dentro de você, e está erguida no seu interior. Você anda obstinadamente em direção ao ídolo. Você pratica abominações e iniquidades em nome do seu deus interior. Você é escravo do seu ídolo. Você serve ao seu ídolo e se dedica a ele. O ídolo obscurece sua mente e afeta o modo como você enxerga. O ídolo é sua glória, é o que motiva suas ações. O ídolo é seu tesouro, é nele que você põe o coração. O ídolo é sua preocupação, é o que tira sua paz. O ídolo é o que você busca em primeiro lugar. O ídolo é sua libido, sua paixão, seu desejo descontrolado. O ídolo é a raiz de todos os seus pecados. Em suma, resuma a sua vida em um propósito, e você terá encontrado o seu deus.

---

26 DAHL, R. *The Minpins*. Penguin UK, 2016.

CAPÍTULO 2

DA NEUROSE À COSMOVISÃO: O QUE A IDOLATRIA FAZ COM A SUA MENTE

> I REMEMBER WHEN I LOST MY MIND.
>
> Gnarls Barkley, *Crazy*

Marcelo estava enlouquecendo, literalmente. Uma crise de *burnout* desestabilizou seu estado psicológico; quase um ano depois, ele não parecia ter voltado ao normal, apesar das férias e mudanças na rotina. Ele se sentia completamente incapaz, destituído de qualquer pretensa autonomia. Ele tinha medo de sair de casa, medo de dirigir, medo de ficar sozinho. Ele tinha medo de segurar o próprio filho, porque achava que os braços iriam falhar e derrubar o bebê das escadas. Ele achava que implodiria de tristeza. Ele temia ter uma crise dirigindo, perder a consciência e bater o carro em alguém. Ele temia se perder sem se dar conta, o que quase aconteceu em um momento de confusão mental durante uma crise. Ele se sentia em um cabo de guerra com o pavor, em uma batalha por uma sanidade que temia perder em definitivo.

Só de pensar nisso, Marcelo começava a suar. O corpo ficava gelado, mas o rosto esquentava. Os livros começavam a se mover como em um *time-lapse* de estrada. Ele queria gritar, jogar-se sobre os móveis e sair correndo. Não entendia esses impulsos e discutia consigo mesmo em silêncio. Os olhos ardiam, e doíam lá no fundo. A garganta secava. O coração batia forte. O corpo começava a pifar: o ombro desconjuntava, o quadril queimava, a perna ficava dormente. Então, era difícil respirar. Ele está rendendo menos no trabalho. Quando vai assinar um documento, precisa desenhar o nome com cuidado para não errar. Ele começa a esquecer coisas básicas, e se vê falando palavras desconexas nos áudios do WhatsApp. Começou a ter tiques nervosos. É como se ele se incomodasse em alguns pontos específicos do pescoço e o incômodo só aliviasse com movimentos espasmódicos, como uma coceira que só o cacoete ameniza. Ele se sentia um fracasso, uma fraude, um estorvo. Um esquisito.

No terapeuta, entendeu o que estava acontecendo. Essa não é a linguagem do psicólogo, mas é como ele escolheu chamar: *idolatria*. Seu coração, apaixonado por tudo o que o trabalho incessante o trazia, erigiu um ídolo que destruiu sua compreensão das coisas. Ele estava literalmente perdendo a sanidade porque não conseguia lidar com a crise de estresse oriunda do *burnout*. Ele disse em bom tom: "Fui ao psicólogo, e descobri meus pecados. Tem uma idolatria tão intensa aqui dentro, que está me deixando literalmente maluco".

UMA EPISTEMOLOGIA DA IDOLATRIA

Por que os homens discordam uns dos outros? Se existe apenas uma realidade concreta, o que nos leva a pensarmos de forma tão diferente tantas vezes? Teoricamente, ao olharmos para os lados, todos enxergamos a mesma coisa. Em uma sala, todos os que estão no sofá veem os mesmos objetos de ângulos muito parecidos. Eventos acontecem na política, na educação, na economia, na família e no trabalho: há acidentes de trânsito, crianças que se engasgam, patos que grasnam, juros que crescem, maçãs que apodrecem, tecidos que se tornam camisolas e células eucarióticas que entram em mitose; e as pessoas têm sentenças diferentes acerca de cada um desses acontecimentos. O que uma pessoa acha bom, outro acha mau. O que é belo para alguém é horroroso para os demais. Os mesmos fatos são julgados de formas opostas por pessoas de história e contexto parecidos. As redes sociais servem de exemplo perfeito. Para cada único fato, há uma miríade constelacional de interpretações. Gente com ideias distintas está simultaneamente convicta de que sua observação da realidade é a própria realidade.

O que faz com que isso aconteça? A interpretação popular do fim dos anos de 1990 era a de que não existia realidade objetiva, apenas interpretação. Daí que vem a ideia de que não existem verdades absolutas, de que tudo é relativo e de que duas ideias opostas podem ser simultaneamente verdadeiras desde que pessoalizadas: "essa é a *minha* verdade". Por mais que essas ideias esquizofrênicas e impraticáveis tenham se popularizado, outras visões menos absurdas tiveram seu vulto. Uma delas é a de que não existem verdades absolutas porque somos todos incapazes de interpretar corretamente a realidade. O problema deixaria de ser ontológico – na ordem da existência das coisas – para ser epistemológico – na ordem da racionalidade acerca das coisas. Ainda que exista uma realidade única, nós nunca temos acesso a ela. Somos limitados por nossos gostos, subconscientes, habilidades de racionalização, traumas e histórias de vida, de modo que cada ponto de vista é a vista de um ponto. A realidade é inalcançável, já que todos apenas a interpretamos. Nessa perspectiva, não existem verdades absolutas não porque a realidade não existe, mas porque a realidade é inalcançável.

De fato, há alguma verdade nessa perspectiva. Nenhum de nós consegue ver o mundo de forma total e objetiva, como Deus o vê. Nenhuma de nossas interpretações pode se confundir com a realidade objetiva dos fatos de modo pleno, absoluto e cabal. Sim, tudo o que nós temos são interpretações da realidade, e essas interpretações podem ser mais ou menos verdadeiras à medida que se aproximam da própria realidade. Deus é quem consegue enxergar tudo de modo pleno. Não há possibilidade de divergências de interpretação dentro da Trindade, com o Pai, o Filho e o Espírito debatendo acerca da melhor forma de interpretar um acontecimento. Homens, por outro lado, são limitados. A discordância entre os homens vem das limitações da mente em um mundo de fraqueza e dificuldade.

Não sabemos exatamente como funcionava a mente humana antes da Queda, em Gênesis 3. Uma certeza com a qual podemos concordar, no entanto, é que o distanciamento da mente de Deus para com a nossa se dá, entre outras coisas, por causa da separação promovida pelo Pecado. Certamente a Queda nos limitou na capacidade de interpretar a realidade de Deus, criando ainda mais distanciamento, além daquele natural à condição de criatura, entre as interpretações e as realidades. Discordamos, em parte, porque pecamos.

Geralmente, imaginamos que apenas nossa moral foi afetada pelo Pecado. "Por causa de Adão", pensamos, "fazemos coisas ruins". No entanto, por causa de Adão pensamos coisas ruins – mais que isso, pensamos de modo ruim. Não só os objetos do raciocínio são pecaminosos (imoralidades, egoísmos, blasfêmias etc.), mas o modo do raciocínio é pecaminoso (engano, mentira, tolice, ignorância etc.). Há efeitos psicológicos das falsas religiões. A Queda adâmica afetou não apenas as partes consideradas espirituais do ser humano, mas também sua capacidade e sua moralidade de raciocínio. Por mais que a teologia tomista defenda que o intelecto humano não foi afetado pela Queda, a teologia reformada tem expressado uma depravação de todas as partes do ser humano, inclusive a mente. Enquanto Tomás de Aquino acreditava em uma possibilidade do exercício da razão a ponto de chegar ao próprio Deus, os teólogos reformados propuseram uma teologia da queda da mente. O famoso termo teológico "depravação total" não significa que os homens são o mais depravado possível, mas que a totalidade do indivíduo foi tornada impura pelo pecado. Para o teólogo calvinista estadunidense R. C. Sproul (1939-2017), cada área do ser humano, incluindo suas faculdades mentais, foi devastada pela corrupção da natureza humana na Queda. Assim como nossos corpos morrem devido ao pecado e a vontade humana se torna moralmente aprisionada, as mentes se tornaram caídas, e a capacidade humana de pensar foi severamente enfraquecida pela Queda.[1]

---

1 SPROUL, R. C. *Pensando como Jesus*. Disponível em: http://reforma21.org/artigos/pensando-como-jesus.html. Acesso em: 21 mar. 2019.

Iohannis Comenius (1592-1670), pai da pedagogia moderna, inicia sua *Didática Magna* dizendo que pouco do que há em nós está no seu devido lugar, e que tudo está invertido, estragado, destruído ou arruinado. Isso afetaria diretamente nossa mente, "um autêntico deserto escuro e esquálido", no qual, "[n]o lugar da inteligência, pelo qual deveremos igualar os anjos, está, na maior parte de nós, uma estupidez tão grande que, precisamente como os animais brutos, ignoramos até as coisas que mais necessidade temos de saber".[2] Embora o homem descrente continue hábil para pensar, sua maldade e pecado o levam a se basear em premissas falsas para que todo o viés de confirmação da descrença se mantenha intacto. Construindo sua cosmovisão sobre princípio ilógicos, ele monta uma realidade que só existe em sua projeção de mentira.

A verdade inconveniente é que nossas religiões afetam nosso raciocínio. Aquilo que louvamos no coração muda o modo como pensamos. É por essa razão que devemos pensar também em uma *moralidade* de raciocínio que afeta a *capacidade* de raciocínio. Por "capacidade", refiro-me ao sucesso em apreender a verdade por meio da mente; por "moralidade", considero as deturpações conscientes ou inconscientes do raciocínio que conformam a percepção da realidade aos interesses do pecado. Não somos bons e maus apenas nas ações, mas bons e maus também no modo como lemos os acontecimentos à nossa volta. Nossos olhos se tornam doentes quando adoramos outros senhores.

Se é verdade que não temos acesso absoluto à realidade e nossas interpretações do mundo se tornam o meio como experimentamos a vida, toda a forma como enxergamos a existência é afetada em nível profundo pelas nossas adorações internas. O seu deus muda sua visão, de forma que toda idolatria se converte em cosmovisão.

---

2 COMENIUS, I. A. *Didactica Magna*. eBooks Brasil, 2001. p. 25, 30.

SABEDORIA E TEMOR: A QUEDA DA INTELIGÊNCIA NO ANTIGO TESTAMENTO

As bases da teologia da Queda da mente remontam ao Antigo Testamento. Para o salmista, a tolice interior está atrelada a rejeitar a existência de uma pessoalidade transcendente: "Diz o tolo em seu coração: 'Deus não existe!'" (Salmos 45:1; 53:1). O negador de Deus é descrito como *nabal* (נָבָל), alguém que se entrega à tolice e perversidade,[3] e por isso segue um caminho de loucura. Na psicologia hebraica, o coração é o órgão do pensamento e da decisão expressa em atos, representando todo o homem interior.[4] A maldade do *nabal* se manifesta em seu raciocínio sobre o Criador. Salviano perguntou no século 5: "O que é mais insano para alguém do que negar que Deus é o criador do universo, negar seu governo?".[5] Para o salmista, negar a Deus é coisa de gente biruta, de modo que o raciocínio acerca de Deus é motivado pela má inclinação do coração. Moralidade e raciocínio parecem estar atrelados nos salmos 45 e 53.

Por isso, não são poucas as vezes em que a sabedoria e o temor de Deus são tratados como codependentes no Antigo Testamento. Ainda nos Salmos, lemos: "O temor do Senhor é o princípio da sabedoria; todos os que cumprem os seus preceitos revelam bom senso. Ele será louvado para sempre!" (Salmos 111:10). O bom senso (*śēḵel ṭôḇ*, שֵׂכֶל טוֹב) se manifesta em obediência, porque moral e raciocínio se relacionam intimamente. R. Tuck argumenta que o "homem científico que ignora o espiritual não pode alcançar a verdadeira sabedoria. A crença em Deus é o fundamento absoluto sobre o qual, por si só, pode descansar um conhecimento completo do mundo, dos fatos".[6] Ter um relacionamento correto com a personalidade do Senhor é aquilo que traz a base e o fundamento da sabedoria. Deixar de temer a Deus é obscurecer a compreensão da

---

3 SPENCE-JONES, H. D. M. (ed.). *Psalms to Song of Songs* (The Pulpit Commentary, v. 4). K. Paul, Trench, Trübner & Company, Limited, 1897.

4 YODER, C. R. *Proverbs* (Abingdon Old Testament Commentaries). Abingdon Press, 2009. p. 89.

5 YODER, C. R. *Proverbs* (Abingdon Old Testament Commentaries). Abingdon Press, 2009. p. 15.

6 SPENCE-JONES, He. D. M. (ed.). *Psalms to Song of Songs* (The Pulpit Commentary, v. 4). K. Paul, Trench, Trübner & Company, Limited, 1897.

realidade, pois é negar o fundamento do conhecimento. Discutir assuntos elevados sem uma prostração intelectual ao Senhor é tentar se elevar aos céus puxando os cabelos para cima.

Os provérbios fazem coro a isso por diversas vezes. Sem dúvida, a frase "o temor do SENHOR" (יִרְאַת יְהוָה) é o refrão do livro, encontrada quatorze vezes (1:7; 2:5; 8:13; 9:10; 10:27; 14:2,26-27; 15:16,33; 16:6; 19:23; 22:4; 23:17). O imperativo "temer ao SENHOR" é encontrado duas vezes (3:7; 24:21). Alguns exemplos são marcantes na relação entre moral e entendimento: "O temor do Senhor é o princípio do conhecimento, mas os insensatos desprezam a sabedoria e a disciplina" (Provérbios 1:7), "Visto que desprezaram o conhecimento e recusaram o temor do Senhor [...]" (Provérbios 1:29), "O temor do Senhor é o princípio da sabedoria, e o conhecimento do Santo é entendimento" (Provérbios 9:10) e "O temor do Senhor ensina a sabedoria, e a humildade antecede a honra" (Provérbios 15:33). Uma vez que "princípio" (*rēšît*, רֵאשִׁית) traz a ideia de origem e ponto de partida (cf. Gênesis 10:10; Jeremias 26:1), a sugestão da sabedoria judaica é que o temor de Deus é o pré-requisito ou o fundamento do conhecimento.[7]

Recusar o temor de Deus é recusar conhecimento, informação, sabedoria e inteligência. Os homens que negam Deus não estão negando apenas uma transformação espiritual, mas também a transformação intelectual e a capacidade de entender que é oferecida pelo Deus vivo. Por isso "o temor do Senhor é o princípio da sabedoria, e o conhecimento do Santo é entendimento": conhecer a Deus é encontrar entendimento, compreensão e inteligência. Uma vez que "o mundo inteiro e seus mistérios pertencem a Deus, 'conhecer' não pode ser menos do que buscar e estar sujeito a Deus".[8] Assim, recusar ao Senhor é recusar uma gama de atributos intelectuais que nos dariam meios de entender a realidade com acurácia. Mora aí o problema da formação de "segundas realidades", como diz Eric Voegelin. Criamos projeções no mundo para

---

7 YODER, C. R. *Proverbs* (Abingdon Old Testament Commentaries). Abingdon Press, 2009. p. 6-7.

8 YODER, C. R. *Proverbs* (Abingdon Old Testament Commentaries). Abingdon Press, 2009. AOTC. p. 6-7.

satisfazer anseios idólatras, e vemos as coisas de modo contraído. Nada é observado em sua inteireza, mas apenas na satisfação das vontades dos ídolos. O problema do homem sem Deus é certamente espiritual, mas seu raciocínio também é afetado pela sua espiritualidade. O orgulho do descrente nega aquilo que lhe ensinaria a sabedoria e o conhecimento, o temor de Deus. Negar a Deus é escolher o caminho de obscurecimento da mente.

Por isso, a idolatria é um processo emburrecedor. Ao adorar ídolos, o homem acaba por torcer a própria racionalidade. A formação e a projeção de segundas realidades se tornam inevitáveis. Na teologia sapiencial veterotestamentária, a negação de Deus causa um comportamento *idiota* para com a existência, no sentido mais grego da palavra: o termo *idiṓtēs* (ἰδιώτης) era usado na antiga Atenas para se referir a quem se apartasse da vida pública (derivado de ídios [ἴδιος], literalmente "privado"). O *idiota*, aqui, representa alguém que não consegue ver além de si mesmo. Ele está preso no *id*, em si. O tolo dos salmos e dos provérbios não consegue interpretar as coisas da forma correta – e não consegue fazê-lo de tal forma, que a conclusão de seu raciocínio limitado é a negação do Senhor. O que esses textos estão dizendo é que a negação de Deus não *é* algo de cunho apenas moral e espiritual, mas também um problema intelectual. Quem nega a Deus não está disposto a reconhecer o óbvio da existência, e acostuma o próprio intelecto a isso.

Você não precisa ser um erudito para saber como responder às loucuras deste mundo. Ficamos calados diante dos doutores desta era, mas o conhecimento da Palavra de Deus nos dá formas de olhar para o mundo como um todo que faz sentido. O temor do Senhor dá para analfabetos o poder de calar os gênios desta era. Mesmo inaptos intelectualmente, podemos apenas repetir as grandezas de Deus a ponto de surpreender os sábios segundo o mundo. Sem temor do Senhor, não há sabedoria e bom senso. Os homens ficam perdidos. Não é pouco comum que nossos amigos ímpios sempre sejam pessoas que não sabem o que fazer com suas vidas. Nós, cristãos, podemos passar por momentos de confusão, mas a própria constituição do ímpio é a ausência de sentido transcendente. Podemos ficar confusos por vezes, mas os homens sem

Deus precisam viver de se anestesiar com novos entretenimentos. Peça um conselho para um descrente, e geralmente você estará no caminho da desgraça.

O homem sem Deus é como um adolescente. Ele tem vários pedaços de realidade que nem sempre parecem se relacionar corretamente; você não entende bem como funciona o mundo ainda. *Há a escola, os pais, os colegas; você não sabe* quão importante *é o que os amigos da rua dizem, você não entende se precisa obedecer aos pais, aos professores ou seguir o próprio caminho; não sabe se vai conseguir um emprego ou uma esposa, e fica perdido no meio do caminho da existência. Sem Deus, vivemos em uma eterna adolescência espiritual. O ímpio pode fingir e fazer pose, mas no fim das contas ele precisa inventar que não existirão verdades absolutas*, porque, no fim das contas, ele não encontrou nenhuma sabedoria no mundo. Ele tem que fingir que sabedoria não existe, porque ele não a encontrou.

Os profetas ensinaram o mesmo. Sobre o Messias, Isaías escreveu: "O Espírito do Senhor repousará sobre ele, o Espírito que dá sabedoria e entendimento, o Espírito que traz conselho e poder, o Espírito que dá conhecimento e temor do Senhor" (11:2). Os frutos do Espírito Santo na vida do Cristo não foram apenas santificação, temor, mansidão ou benignidade, mas também sabedoria, entendimento, conselho e conhecimento. Isaías espera por um Messias "que será capaz de perceber as coisas corretamente e que será capaz de tomar decisões corretas"[9] por causa dessa atuação constante do Espírito. O mesmo Espírito que atuou no Messias atua em seus filhos, e dá a capacidade de entender a realidade de forma diferente do que a mente do homem mundano *é capaz*. A obra do Espírito não dá apenas um comportamento espiritual, mas um raciocínio espiritual. *Há uma espiritualidade do uso da mente*. Ao nos entregarmos às idolatrias políticas, caímos no processo de engessamento da consciência, e não conseguimos ler o mundo de forma correta.

---

9 OSWALT, J. N. *The Book of Isaiah*: Chapters 1-39 (The New Internacional Commentary on the Old Testament). Grand Rapids, MI, 1986.

Quando somos perguntados sobre nossa espiritualidade, costumamos responder sobre nossos atos de bondade, nossas obras de fé e nossa fuga do pecado, mas poucos de nós responderiam sobre um pensamento correto e sábio, uma inteligência e sagacidade dadas pelo Espírito. Poucos cristãos acreditam que há compreensão da realidade diferenciada – mais inteligente, mais lógica, mais racional, ou seja, mais santa – dada ao crente como fruto da atuação do Espírito. Assim como o comportamento do cristão é agora guiado pelo Espírito Santo, os pensamentos do salvo também recebem desse poder. Não apenas podemos amar ou perdoar de forma sobrenatural, mas também podemos pensar sobrenaturalmente. Ainda no mesmo profeta, lemos: "Ele será o firme fundamento nos tempos a que você pertence, uma grande riqueza de salvação, sabedoria e conhecimento; o temor do Senhor é a chave desse tesouro" (Isaías 33:6). Da perspectiva divina, "o profeta poderia expressar a declaração de fé de que Deus forneceria [...] um conhecimento que ultrapassaria em muito qualquer coisa que seus inimigos tivessem (cf. 10:13; 29:14)".[10] A tradução interpretativa da NVI acrescenta que essa é "a chave para" (que não está no hebraico) esse tesouro. De qualquer modo, o tesouro do conhecimento, da sabedoria e da riqueza de salvação está relacionado com o temor de Deus.

Em outro profeta, lemos: "Os sábios serão envergonhados; ficarão amedrontados e serão pegos na armadilha. Visto que rejeitaram a palavra do Senhor, que sabedoria é essa que eles têm?" (Jeremias 8:9). A pergunta retórica sobre a sabedoria dos que rejeitam a Palavra do Senhor mostra um confronto entre o Senhor da sabedoria e os homens cujo conhecimento é inimigo de Deus. "Homens sábios deixaram de ser verdadeiramente sábios porque rejeitaram a palavra do Senhor, a única fonte de verdadeira sabedoria".[11] A profecia diz que Deus vai envergonhar a inteligência do mundo. Deus despreza o arrazoado filosófico dos homens que rejeitam o seu nome e zomba daqueles que se arrogam sabedores e inteligentes.

---

10 SMITH, G. V. *Isaiah 1-39*: An Exegetical and Theological Exposition of Holy Scripture (The New American Commentary). B&H Publishing Group, 2007.

11 CRAIGIE, P. C.; KELLEY, P. H.; DRINKARD JR, J. F. *Jeremiah 1-25* (Word Biblical Commentary, v. 26). Dallas, TX: Word Books, 1991.

A MENTE DE CRISTO: A VERDADEIRA RACIONALIDADE NO NOVO TESTAMENTO

No Novo Testamento, encontramos Jesus ecoando a mesma ideia. Mateus 16:1-4 registra um de seus conflitos com o povo judeu: lemos que fariseus e saduceus se aproximaram de Jesus com o intuito de cobrar um sinal do céu que provasse sua divindade. Essa cobrança vem logo após o registro de uma série de milagres do Cristo, o que indica uma má vontade particular do povo judeu quanto a aceitar a divindade do Messias. Jesus responde dizendo:

> "Quando a tarde vem, vocês dizem: 'Vai fazer bom tempo, porque o céu está vermelho', e de manhã: 'Hoje haverá tempestade, porque o céu está vermelho e nublado'. Vocês sabem interpretar o aspecto do céu, mas não sabem interpretar os sinais dos tempos! Uma geração perversa e adúltera pede um sinal miraculoso, mas nenhum sinal lhe será dado, a não ser o sinal de Jonas". Então Jesus os deixou e retirou-se.

A comparação entre entender os sinais dos tempos e perceber as probabilidades de chuva mostra que compreender o evangelho não é um recurso que cobra muito da mente. Jesus está dizendo que entendê-lo como Deus é mais fácil do que entender se vai chover ou não a partir de olhar para o céu. É simples e claro; tão simples quanto qualquer correlação de causa e efeito. Mesmo assim, eles rejeitavam o óbvio. Aqueles homens rejeitavam a Cristo não por falta de evidências ou de lógica, mas por causa de uma moral interior. Se eles conseguiam entender relações de causalidade, não deveriam rejeitar o óbvio ululante de que Jesus era o Filho de Deus. Segundo Jesus, a razão estava no fato de aquela ser uma geração perversa (*ponēra*, πονηρὰ) e adúltera (*moichalis*, μοιχαλὶς). A tradição do Antigo Testamento qualificava o pecado como um adultério espiritual (Isaías 50:1; 67:3; Jeremias 43:8; 13:27; 31:32; Ezequiel 16:15,32, 35-42; Oseias 2:1-7; 3:1 etc.). Eles rejeitavam a Cristo porque eram maus. O motivo da descrença não estava no amplo da complexidade teórica, mas da elevação moral. Nessa perversidade, eles rejeitavam raciocínios óbvios acerca da realidade divina. A imoralidade na adoração impede a moralidade no raciocínio. Eles preferiam se emburrecer e obscurecer a própria mente a aceitar Deus.

Isso deve afetar o modo como interpretamos o evangelismo. Quando falamos de Cristo aos outros, por vezes pensamos que eles fazem um exercício autônomo e neutro de raciocínio sobre a mensagem da salvação, como se fossem totalmente capazes de interpretar as coisas espirituais. Esquecemos, no entanto, de que o principal problema do homem sem Deus não é que ele crê em outras coisas, mas que ele adora outras coisas. Não é que ele tenha uma opinião diferente, mas sim um deus diferente. Não é que ele não tenha religião, mas sim que ele é devoto de outra fé. Por isso, o coração do homem é o alvo do evangelismo, mais que a mente. Não poucas vezes deixei amigos descrentes mudos diante de minhas respostas e explicações apologéticas, mas sem contemplar qualquer conversão real. Você ganha o debate, mas o falso deus continua firme. Evangelismos são feitos em oração, porque apenas o Senhor pode destronar ídolos e acabar com as falsas adorações do homem infiel. Por isso Cristo oferece apenas o sinal de Jonas. Diante de um povo adúltero espiritualmente, ele não discute mais provas de sua divindade. Ele mostra o poder do seu evangelho.

O apóstolo Paulo descreve o mesmo processo idólatra em Romanos 1:18-32. Essa perícope fala diretamente sobre idolatria, e se inicia do seguinte modo: "Portanto, a ira de Deus é revelada do céu contra toda impiedade e injustiça dos homens que suprimem a verdade pela injustiça". O apóstolo diz que os descrentes suprimem a verdade pela injustiça. Eles não suprimem a verdade porque amam a mentira, mas porque amam o pecado. Eles não suprimem a verdade porque foram convencidos intelectualmente de outro arrazoado, mas porque querem pecar, porque amam a injustiça. É um problema moral que afeta a mente.

O teólogo reformado Herman Bavinck (1854-1921) comenta essa passagem dizendo que, tendo "o coração como o centro, a poluição [do pecado] obscurece o entendimento".[12] Os homens sem Deus olhando para a

12 BAVINCK, H. *Teologia Sistemática*. Santa Bárbara d'Oeste: Sociedade Cristã Evangélica de Publicações Ltda., 2001. p. 267-268.

revelação da natureza são crianças tapando os ouvidos e cantando para não ouvir o óbvio. O homem sem Deus prefere a lobotomia à conversão. Há um problema na mente dos infiéis. Eles rejeitam a verdade e, por isso, "os seus pensamentos tornaram-se fúteis e os seus corações insensatos se obscureceram" (v. 21). Por rejeitarem Deus, os pensamentos ficam fúteis, uma vez que o coração está obscurecido. "Dizendo-se sábios, tornaram-se loucos" (v. 22). Acreditando que podiam interpretar o mundo e saber como viver de forma correta, tornaram-se tolos, loucos. Percebe-se que o homem caído é especialista em dar área de sabedoria à loucura do coração. Ao se julgarem sábios, os homens construíram as bases da existência na neurose. Em muitos de seus ambientes, por exemplo, a academia se tornou um hospício. Dizem que crianças podem ser assassinadas no ventre, argumentam que você pode mutilar o próprio corpo para seguir uma percepção sexual oposta à do seu sexo biológico, defendem genocídios em massa em nome da paz política perpétua. Os homens chamam de "sabedoria" o que Deus chama de "alucinação".

Então creem que tudo passou a existir a partir da expansão de um universo quente e denso que do nada agiu assim.. Acreditam na vida a partir de uma sopa primordial de compostos orgânicos em rochas após o resfriamento do planeta, que, por meio de calor e de raios, gerou os primeiros aminoácidos. Acreditam na formação das espécies através de um processo cego e aleatório de mutação e adaptação. Ouse dizer algo diferente, e você perde seu emprego na universidade, é excluído da seleção do mestrado e se torna um pária intelectual. Diga que extraterrestres trouxeram a vida para nosso planeta em uma panspermia tresloucada, e tudo bem. Argumente que um designer inteligente transcendente deu origem à vida, e você será tratado como um louco que deveria ser excluído da vida acadêmica. Eles se enlouqueceram para conseguir viver longe de Deus. Os homens construíram suas sociedades em torno da loucura, porque apenas obscurecendo a própria mente eles podem continuar adorando seus deuses interiores e fugindo do único Deus verdadeiro.

Então, a idolatria é definida diretamente como um problema relacionado ao raciocínio: "Trocaram a verdade de Deus pela mentira, e adoraram e serviram a coisas e seres criados, em lugar do Criador" (v. 25).

É quando o homem abandona a verdadeira racionalidade que ele se dedica mais fortemente ao comportamento idólatra. James Dunn comenta:

> Eles preferiram as sombras bruxuleantes de suas mentes sombrias à luz forte do conhecimento de Deus. Seu desejo pelo papel de criador foi realizado na criação de imagens de madeira e pedra! Tampouco poderia ser de outra maneira, porque, assim, dando as costas a Deus, eles tornaram impossível para si mesmos ver as coisas como são e para o que são. Seu senso de valores ficou distorcido porque abandonaram o único ponto de referência firme com o qual todas as outras relatividades mutáveis de significado e valor se tornam estáveis e claras.[13]

A idolatria não apenas nasce do pensamento errado, mas também gera ainda mais raciocínios falsos e, logo, comportamentos imorais: "visto que desprezaram o conhecimento de Deus, ele os entregou a uma disposição mental reprovável, para praticarem o que não deviam" (v. 28). Robert H. Mounce comenta que "as pessoas escolhem ignorar Deus e criar sua própria versão da realidade. Ao rejeitar o conhecimento do verdadeiro Deus, nasce a religião".[14] É íntimo o relacionamento entre comportamento imoral, idolatria no coração e racionalidades obscurecidas.

As redes estavam enfileiradas no galpão onde todos dormiam à noite. Estávamos deitados após o almoço, em um breve momento de reflexão entre as intensas atividades da viagem missionária. Casado há alguns anos, lutava contra a pornografia como se fosse um adolescente no auge da puberdade. Trocávamos versículos sobre santificação, quando ele me confessou com o carinho típico de quem precisa de cuidado: "Eu olho para as mulheres e só vejo gente *pra* pegar. Eu não consigo ter relacionamentos com mulheres sem pensar em como sair com elas. Eu não vejo pessoas, vejo possibilidades de sexo". As idolatrias afetam a forma como nós enxergamos o mundo, como lemos as pessoas, como interpretamos

---

13 DUNN, J. *Romans 1-8* (Word Biblical Commentary). Dallas, TX: Word Books, 1988.

14 MOUNCE, R. H. *Romans* (The New American Commentary). Nashville: Broadman & Holman, 1995.

toda a realidade. A verdadeira religião daquele missionário afetava toda a sua capacidade de enxergar as pessoas.

Certamente a principal passagem em toda a Bíblia que traz aplicações sobre os efeitos do pecado na mente está nos três primeiros capítulos da primeira epístola de Paulo aos Coríntios. Explicando os motivos de não se submeter a um sistema partidário e divisivo na igreja, falando sobre a natureza da pregação e sobre como o Espírito trabalha, o apóstolo se delonga em mostrar que o conhecimento de Cristo é completamente distinto da sabedoria do mundo.

Paulo descreve a mensagem do evangelho como "loucura para os que perecem" (1Coríntios 1:18), deixando claro que a forma como Deus decidiu salvar os homens de seus pecados seria considerada insana por homens de coração descrente. Isso não seria por erro divino, mas fruto de uma intencionalidade. O Senhor desejava destruir "a sabedoria dos sábios" e aniquilar "a inteligência dos inteligentes" (v. 19). Paulo argumenta nesse sentido, perguntando sobre a salvação dos grandes líderes intelectuais de seu tempo: "Onde está o sábio? Onde está o escriba? Onde está o inquiridor deste século?". O "sábio" (σοφός, *sophos*), o "escriba" (γραμματεύς, *grammateus*) e o "inquiridor" (συζητητής, *syzētētēs*) podem corresponder ao acadêmico racionalista das escolas sofistas, ao escriba como *expert* jurista judeu e ao retórico grego.[15] De qualquer forma, o argumento é fundamentalmente que nenhuma sabedoria humana pode valer-se diante de Deus.[16] Não foi através do uso da inteligência mundana que os homens entenderam a verdadeira sabedoria de Deus, uma vez que "tornou Deus louca a sabedoria deste mundo" (v. 20). Essa *sophian tou kosmou* (σοφίαν τοῦ κόσμου) é o raciocínio, ainda que o mais elevado, do homem caído, sempre incapaz de compreender sob os intentos de Deus a realidade através de seus pensamentos.

15 GARLAND, D. E. First Corinthians (Baker Exegetical Commentary on the New Testament). Grand Rapids, MI: Baker Academic, 2003. p. 64.

16 MORRIS, L. *1 Corinthians*: An Introduction and Commentary (Tyndale New Testament Commentaries). Inter-Varsity Press, 2008.

Assim, "o mundo não conheceu a Deus pela sua sabedoria", mas apenas pela pregação daquilo que os homens julgariam "loucura" (v. 20-21). David E. Garland comenta que essa sabedoria "falha em compreender, apreciar ou se submeter à sabedoria de Deus porque é fatalmente falha pelo egocentrismo. A razão mundana se opõe a Deus porque é cega por sua própria presunção e orgulho".[17] Por isso "não são muitos os sábios segundo a carne [...] que são chamados. Mas Deus escolheu as coisas loucas deste mundo para confundir as sábias" (v. 26-29). Absorvidos pela filosofia especulativa, os gregos honravam de forma inigualável seus destacados pensadores, desprezando como bárbaros qualquer um que não apreciava sua sabedoria. Orgulhosos de uma pretensa agudeza intelectual, eles não encontraram lugar para a verdadeira sabedoria e inteligência, o evangelho do Senhor Jesus Cristo.[18]

Enquanto os homens criam suas próprias formas de julgar o que é certo e errado acerca do que é eterno, por meio das quais pretensamente "buscam sabedoria" (*sophian zētousin*, σοφίαν ζητοῦσιν) para aceitar o que é divino, Deus subverte a racionalidade caída com a pregação do "Cristo crucificado", que é "escândalo" (*skandalon*, σκάνδαλον) e "loucura" (*mōrian*, μωρίαν) para uns, mas "poder de Deus" e "sabedoria de Deus" para os santos (v. 22-24). Por isso "a loucura de Deus é mais sábia do que os homens" (v. 25), já que a nossa mente foi alcançada por "Jesus Cristo, o qual para nós foi feito por Deus sabedoria" (v. 30). Jesus é a sabedoria que o mundo não conhece. Por isso, a pregação de Paulo não consistia "em palavras persuasivas de sabedoria humana", pois uma fé apoiada "em sabedoria dos homens" (*sophia anthrōpōn*, σοφίᾳ ἀνθρώπων) é vã (1Coríntios 2:4-5). Paulo não está dizendo que a fé é anti-intelectiva, mas sim baseada em um tipo completamente distinto de sabedoria. "Todavia falamos sabedoria entre os perfeitos; não, porém, a sabedoria deste mundo" (v. 6). Paulo fala da "sabedoria de Deus" (v. 7), que não foi

---

17 GARLAND, D. E. First Corinthians (Baker Exegetical Commentary on the New Testament). Grand Rapids, MI: Baker Academic, 2003. p. 67.

18 MORRIS, L. *1 Corinthians*: An Introduction and Commentary (Tyndale New Testament Commentaries). Inter-Varsity Press, 2008.

conhecida por nenhum dos grandes deste mundo, "porque, se a conhecessem, nunca crucificariam ao Senhor da glória" (v. 8). As mentes humanas foram incapazes de prever, através de seus métodos intelectuais comuns, o que seria a obra do evangelho: "Mas, como está escrito: 'As coisas que o olho não viu, e o ouvido não ouviu, e não subiram ao coração do homem, são as que Deus preparou para os que o amam'" (v. 9).

A partir do verso 10, Paulo declara que a sabedoria de Deus é revelada "pelo seu Espírito", que "penetra todas as coisas, ainda as profundezas de Deus", já que "ninguém sabe as coisas de Deus, senão o Espírito de Deus". Nós, então, recebemos "o Espírito que provém de Deus, para que pudéssemos conhecer o que nos é dado gratuitamente por Deus" (v.11-12). Por isso, "o homem natural não compreende as coisas do Espírito de Deus, porque lhe parecem loucura; e não pode entendê-las, porque elas se discernem espiritualmente" (v. 14). O homem espiritual, por outro lado, "discerne [*anakrinei*, ἀνακρίνει] bem tudo" (v. 15). O Espírito trabalha dando aos homens a capacidade de julgar, de compreender todas as coisas. Paulo pergunta retoricamente: "quem conheceu a mente do Senhor?" (v. 15). Se a resposta correta esperada fosse "ninguém", o apóstolo subverte as expectativas ao dizer em seguida que "nós temos a mente de Cristo [*noun Christou*, νοῦν Χριστοῦ]" (v. 15). Paulo está dizendo que nossa mente é transformada pelo relacionamento com Jesus. Quando nos convertermos, somos transformados de muitas formas. Somos enriquecidos em nossa índole, assumimos novos padrões morais, temos uma atuação do Espírito nos levando a novos sentimentos. Recebemos o Espírito de Cristo, a justiça de Cristo, a santidade de Cristo – mas também temos a mente de Cristo. Podemos pensar com a mente de Deus, transformados de forma sobrenatural em nossa mente.

Assim, Paulo encerra seu arrazoado lembrando que o "Senhor conhece os pensamentos dos sábios, que são vãos" (1Coríntios 3:20). Todo esse dualismo paulino entre sábio/sabedoria (σοφός/σοφία) e tolo/tolice (μωρός/μωρία) tem propósitos éticos. Alexandra Brown comenta sobre a epístola de 1Coríntios: "[a]s questões epistemológicas dos primeiros capítulos se preparam para as questões explicitamente éticas dos posteriores",[19] mostrando que a mente é intimamente relacionada com o comportamento, e que um coração idólatra é um coração que gera raciocínios e comportamentos tolos.

Um último texto relevante para nosso arrazoado é Hebreus 11:1,3: "Ora, a fé é a certeza de coisas que se esperam, a convicção de fatos que não se veem. [...] Pela fé, entendemos que o universo foi formado pela palavra de Deus, de maneira que o visível veio a existir das coisas que não são visíveis". Segundo o escritor da carta aos Hebreus, o significado de "fé" vai além de mero sentimento positivo ou paixão abstrata por alguma divindade, ou mesmo crença em algo não provado. Segundo o autor, fé é certeza (ὑπόστασις, também "segurança") e prova (ἔλεγχος, também "evidência") das coisas que não vemos. Quando foi, então, a última vez que você pensou na fé como uma prova, uma evidência, uma certeza segura de um fato? Se você pedir a seus alunos da Escola Dominical algumas provas e vidências da existência de Deus, creio que será pouco provável que alguém dê a fé como resposta. Racionalizamos a fé, geralmente, como um tipo de resposta emocional a certas proposições, ou como alguma boa vontade pela existência do divino, mas poucos a descreveriam como uma *evidência* para qualquer coisa.

Evidências, pensamos, precisam ser palpáveis, comprováveis, testáveis e compartilháveis. De que vale uma prova que não pode ser exposta a outro, testada em laboratório ou que tenha existência percebida apenas pelo indivíduo que a possui? De certo, posso dizer, a fé é um tipo diferente de evidência, uma vez que só é válida ao seu possuidor, num primeiro momento. Quem disse, porém, que uma evidência pessoal é menos evidência que uma fisicamente apresentável? Internamente, os crentes têm uma prova absoluta para suas crenças, prova essa que não pode ser transferida a outro, como se passa um fóssil de mão em mão, mas que não se torna menos real por isso. É uma prova, sim, pessoal e intransferível, mas real para aquele que a tem, sendo transmitida apenas pelo próprio Deus através de seu Espírito.

---

19 BROWN, A. *The Cross and Human Transformation*: Paul's Apocalyptic Word in 1 Corinthians. Minneapolis: Fortress, 1995. p. 12.

O autor aos Hebreus prossegue e, poucas palavras adiante, diz que a fé é um meio pelo qual *entendemos* (νοιέω, "exercício mental de compreensão"). Sem a fé, o homem não compreende o mundo corretamente. Ainda que, vez por outra, ele tenha seus *momentos de verdade*, como dizem os neocalvinistas holandeses, o ímpio tem um sério problema em sua compreensão das coisas, inclusive em sua produção científica. O autor não diz apenas que a fé é um instrumento para a compreensão de *coisas espirituais*, mas também daquilo que hodiernamente consideramos estar sob a tutela da ciência, uma vez que a fé é o instrumento necessário para que nossa mente se torne capacitada a aceitar como verdade que Deus criou todo o universo, fazendo todas as coisas *ex nihilo*, do nada.

Para os estudantes mais atentos, já é óbvia a percepção de que os versos um e três do capítulo 11 de Hebreus tratam fundamentalmente de epistemologia. Aos que não conhecem o palavrão, epistemologia (ἐπιστήμη, "ciência"; λόγος, "estudo") é conhecida também como *filosofia do conhecimento*, tratando da natureza, das origens, da possibilidade e da validade do conhecimento. Sendo uma das principais áreas de filosofia, é famosa por prover correções ao pensamento científico. Algumas questões tratadas por essa área do saber são, por exemplo: É possível ao ser humano alcançar algum conhecimento genuíno de algo? Quais os limites do conhecimento humano? Existe, de fato, alguma diferença entre o mundo cognoscível e o mundo incognoscível? Qual a origem última do conhecimento?

A questão epistemológica que o autor de Hebreus propõe, então, traça algo sobre o relacionamento entre fé e ciência – talvez mais: fala do relacionamento entre fé e compreensão, fé e entendimento. Segundo o autor, a fé é a prova e a evidência de um fato, e um meio para a compreensão de um postulado *científico*. A fé, para o crente, é um instrumento de entendimento e compreensão da realidade e da ciência. É pela fé, antes de tudo, que acreditamos que Deus criou tudo por meio de sua palavra, e deu origem ao universo pela sua santa vontade. Podemos crer que existe uma série de evidências disso em todos os ramos do conhecimento humano, mas a fé sempre será nossa base *primeva* para a interpretação correta do mundo, incluindo os postulados científicos. Podemos chamar isso de *pressuposicionalismo cristão*.

O pressuposicionalismo cristão defende que a fé em Cristo e em sua revelação é o *pressuposto* básico e fundamental para qualquer análise correta do mundo. Ignorando esse axioma, qualquer postulação a respeito de direito, filosofia, cultura, sociedade, política e, sim, ciência tendem ao erro e ao fracasso intelectual. O ímpio, por não ter fé, não *entende* como deveria, uma vez que as percepções de mundo mais profundas que uma pessoa adota geram implicações radicais em toda a sua cosmovisão. É constante que muitos proponham que a Bíblia deveria ser analisada à luz da ciência, mas o texto aos Hebreus nos indica que a ciência deveria ser analisada à luz da fé cristã. Infelizmente, o suposto diálogo entre fé e ciência proposto por alguns crentes nada mais é que um monólogo no qual os cristãos precisam revisar sua teologia com base nas descobertas científicas, nunca o contrário. Hebreus, no entanto, deixa claro que, se a fé é a base epistemológica do crente, os cientistas não crentes constantemente vão produzir postulados que deveriam ser revisados com base nas descobertas teológicas.

Nossa mente é claramente influenciada por aquilo que cremos, e nossa fé afeta profundamente a construção do raciocínio. Adorar ao único Deus verdadeiro ou se submeter a ídolos interiores não é uma questão que se encarcera no volitivo, no emocional ou no espiritual, mas tem resultados profundos no racional humano. Como resume o famoso professor de teologia e cultura ortodoxa na Fordham University: "O desejo forma o conhecimento".[20] O desejo por Deus ou o desejo por deuses molda todo o modo de pensar.

BRIGANDO POR BESTEIRA

O que aprendemos com a teologia bíblica dos efeitos do pecado na mente é que as idolatrias do coração afetam nosso raciocínio. Por que

---

20 PAPANIKOLAOU, A. "Liberating eros: confession and desire". *Journal of the Society of Christian Ethics*, v. 26, n. 1, Spring/Summer, 2006, p. 128.

isso é realmente importante para nós? Principalmente porque a religião gera uma cosmovisão. E de forma inevitável. Uma cosmovisão é aquilo que dá unidade para as interpretações do universo, trazendo tudo para dentro de uma integralidade una. O que nos impede de enxergar a vida como uma coleção de fragmentos desconectados é o fundamento de sentido ao qual nos apegamos. Se somos realmente salvos, precisamos enxergar o mundo a partir das lentes de Deus, ainda que nossas idolatrias manchem as lentes de nossos óculos de fé e adicionem impurezas à nossa visão da realidade. O cristão vê tudo como uma grande história debaixo da providência divina.

Idólatras enxergam tudo como meios de satisfazer o ídolo que ergueram no interior. Porque nossa religião afeta nossa cosmovisão, idólatras olham para a grande história como sujeita a alguma particularidade presente e inferior. Em lugar da história da glória de Deus, enxergamos narrativas de satisfação para a lascívia, o orgulho, o hedonismo e o egoísmo. Então mulheres se tornam pedaços de carne, amigos se tornam oportunidades financeiras, redes sociais se convertem em meios de chamar atenção. Questões que vistas pelas lentes da fé seriam facilmente contornadas se tornam como as portas da morte quando encostam em nossas idolatrias. Conflitos relacionais simples arrancam a alma de quem idolatra o namorado, pequenas intempéries domésticas tiram noites de sono de quem idolatra o conforto, dívidas um pouco anormais trazem ideação suicida a quem é tomado pela ganância. É caro o preço de ler o mundo pelas lentes da idolatria.

Podemos encontrar uma ilustração para como as idolatrias afetam a mente nas brigas entre partes de um casamento. Não poucas vezes ouvimos casais ora se vangloriarem de suas relações, ora lamentarem-nas com os dizeres: "Pastor, a gente só briga por besteira". Todo caso precisa ser analisado individualmente, mas brigar por besteira pode ser nada mais que as partes exagerando as reações a comportamentos pouco importantes, devido a ídolos estarem sendo adicionados como amantes da relação. Ora, se algo é besteira, por qual motivo se tornaria uma briga? A jovem valoriza idolatricamente o sucesso profissional, e qualquer pequena indicação despretensiosa de vida doméstica pelo marido gera uma "briga por besteira". O senhor ama de modo religioso a própria história de vida, e qualquer pequena desatenção a alguma narrativa empolgada de certa história pessoal faz com que outra "briga por besteira" surja. As idolatrias afetam os raciocínios, a ponto de exagerarmos nossas compreensões e significados.

Muitas vezes lemos mais do que está escrito em um subtexto, em uma mensagem, em uma conversa qualquer, unicamente porque nosso ídolo se sente ameaçado. Alguém levanta uma crítica a um aspecto específico dos esportes de competição, e os amigos em volta julgam que há uma declaração de ódio a um esporte específico, o qual precisam defender à revelia do bem-estar do colega. Alguém faz uma simples pergunta sobre o jantar e a idólatra julga que há uma acusação às capacidades pessoais como mulher e mãe. Conflitos baseados em reações exageradas tendem a revelar ofensas na área da religião.

O homem precisa encontrar sanidade dessa neurose que nos acompanha de modo intrínseco a partir da Queda, ao ver o mundo pelas lentes de Deus, criando uma cosmovisão sólida com base no que Cristo fez por nós. Enxergar as coisas com os olhos de Deus é o que nos protege do secularismo e das heresias públicas das visões seculares de criação de filhos, de origem da vida, de relações internacionais ou de origens dos conflitos psicológicos. Pensar teologicamente inclui deixar que a Palavra dê as bases fundamentais de todo raciocínio em nossas áreas do conhecimento, pensando de modo cristão em cada detalhe da vida.

As idolatrias são não apenas uma burrice, mas também emburrecem ainda mais quem a elas se submete. Adorar falsos deuses afeta o entendimento. Quantas más decisões não surgem de um embrutecimento da mente por meio das paixões doentias? Trocar a esposa de anos pela recente secretária não é apenas imoral, é burrice. Tomar indevidamente recursos da empresa não é só falta de caráter, mas falta de inteligência. O homem toma decisões explicitamente estúpidas aos olhos de todos que o rodeiam porque foi afetado no raciocínio pelas libidos que dominam o coração. Quantas vezes não agimos feito loucos em busca de prazeres, ganâncias e reconhecimentos? A burrice da falta de estudo tem uma importância relativa, mas a burrice oriunda da falta de transformação espiritual certamente gera efeitos eternos na alma.

Só em Jesus há verdadeira inteligência. Apenas em adoração a Jesus o homem enxerga bem. O coração que não está prostrado diante da pessoa de Cristo não consegue enxergar nada direito. Tudo indica uma decisão, mas a idolatria faz com que a loucura soe como racionalidade. Apenas o sacrifício dele tira escamas dos olhos e nos dá a transformação espiritual que nos impede de viver como neuróticos dos mais insanos. Apenas arrependimento da tolice da alma e da burrice espiritual livra o homem das idolatrias que destroem a razão.

CAPÍTULO 3

VOCÊ SE TORNA AQUILO QUE ADORA: A TRANSFORMAÇÃO DA IDENTIDADE PELA IDOLATRIA

> I'M NOT ASHAMED. THAT'S WHO I AM.
>
> **The Score, *Who I Am***

O rosto estava tão encharcado de lágrimas, que os cabelos grudavam nas bochechas. "Foi essa pessoa que eu me tornei, pastor?" Ela se levantou, tentou pegar um copo no armário, possivelmente para tomar um pouco d'água, mas não teve forças para permanecer de pé. O marido a impediu de cair semidesfalecida do pranto que lhe roubara as energias. Com os joelhos dobrados, sentada sobre as pernas, com o marido a segurando de lado, ela punha as mãos espalmadas na face, entre soluços: "Não é só o que eu faço, é o que eu me tornei. Só um monstro poderia agir assim".

IDOLATRIA E IDENTIDADE NO SALMO 115

Quem é você? Essa é uma pergunta um tanto simples, mas a resposta tende a ser complexa. Não é o tipo de resposta que você pode dar porque decorou algumas informações. Responder "quem é você" só é possível se você gastou tempo estudando o próprio interior, sendo sincero consigo e com Deus. Vivemos em uma época tão cheia de entretenimentos, com tanto que ocupa nossa cabeça, que não temos mais um minuto vago para a introspecção. Talvez você nunca tenha parado na sua vida para olhar para suas próprias motivações, tentando entender suas razões, contemplando seus motivos, analisando por que faz as coisas que faz e quem é a pessoa que você se tornou. Você talvez esteja muito ocupado com o trabalho, os estudos, ou com a *timeline* do Instagram.

Identidade e idolatria são unidas pela dupla influência do homem para com o ídolo. Se por um lado a idolatria é uma projeção do homem ao mundo, por outro, o ídolo projeta no idólatra uma força transformadora por vezes indelével. O idólatra é transformado por aquilo que idolatra. O renomado teólogo americano G. K. Beale (1949-) desenvolve na obra *Você se torna aquilo que adora* uma teologia bíblica da assemelhação. O ponto central de Beale é que nós somos transformados à semelhança daquilo que adoramos. Segundo o teólogo, além dos versos bíblicos que expressam isso diretamente, há vários exemplos de ídolos sendo "retratados de determinado modo e em seguida os que os adoram [sendo] retratados exatamente do mesmo modo". Assim, "o adorador, em vez de desfrutar a bênção vivificante esperada, recebeu uma maldição, tornando-se espiritualmente tão inerte, vazio, rebelde e vergonhoso quanto se menciona que o ídolo é". Por outro lado, "os adoradores do Deus verdadeiro refletem sua imagem em bênção", de modo que "nós nos assemelhamos àquilo que adoramos, para nossa ruína ou para nossa restauração".[1] Desse modo, o idólatra terá seu caráter modificado pelas projeções de realidades interiores. A percepção da obra de G. K. Beale não vem de outro lugar, senão da teologia bíblica do Antigo Testamento – ainda que haja algo acerca disso também no texto da Nova Aliança. A passagem central que apresenta essa percepção está no Salmo 115:4-8:

---

1 BEALE, G. K. *Você se torna aquilo que adora*: uma teologia bíblica da idolatria. São Paulo: Vida Nova, 2014. p. 21.

> Os ídolos das nações são prata e ouro, obra de mãos humanas. Têm boca e não falam; têm olhos e não veem; têm ouvidos e não ouvem; têm nariz e não cheiram; têm mãos e não apalpam; têm pés e não andam; som nenhum lhes sai da garganta. Tornem-se semelhantes a eles os que os fazem e todos os que neles confiam.

O salmista traz uma maldição terrível aqui. Ele está dizendo que existe um processo de assemelhação na religião. Os ídolos carregam certas características: têm mãos, mas, por serem estátuas, não pegam em nada; eles têm pés, mas são carregados nos ombros por serem incapazes de andar; eles têm bocas, mas nunca respondem quando as pessoas falam com eles; têm ouvidos, mas são incapazes de ouvir orações; têm olhos, mas não conseguem ver qualquer coisa. Os ídolos são cegos, surdos, mudos e aleijados. Eles são vazios e inúteis. Aquele, então, que se prostra diante desse ídolo é alguém que está se tornando à imagem daquilo que adora: "Tornem-se semelhantes a eles os que os fazem e todos os que neles confiam".

A idolatria aqui é definida em termos de confiança. De fato, nós não adoraríamos aquilo em que não confiamos, como expressamos no primeiro capítulo. Cremos que as promessas do ídolo se cumprirão, e que receberemos a bênção prometida pelo falso deus. O ídolo promete felicidade, promete que você vai se sentir bem consigo mesmo, que vai ter um senso de realização e sucesso, que realmente vai viver em paz. Enfim, os ídolos prometem coisas que apenas Deus poderia nos dar. Acreditamos na promessa de que vamos enriquecer se dermos atenção o bastante ao dinheiro, e isso só serve para nos deixar mais gananciosos. Acreditamos na promessa de que o hedonismo vai saciar o vazio interior, e apenas nos tornamos mais fúteis e descartáveis, inaptos a relacionamentos altruístas e duradouros. No fim das contas, por confiarmos em promessas mentirosas, nos tornamos à imagem da falsidade.

Confiar no ídolo é se tornar à semelhança dele. A desgraça da assemelhação ao ídolo está nas incapacidades do objeto adorado. Quando o homem adora o Deus verdadeiro, ele manifesta sua imagem ao mundo, demonstrando sua semelhança. No entanto, quando adora seres inferiores, pequenas partes da criação, há uma deformação e a imagem agora é torcida. O homem começa a representar os ídolos, e se torna à imagem deles. Somos ainda mais distorcidos na corrupção da imagem de Deus ao nos sujeitarmos a meros elementos da criação.

No salmo, o ídolo é também descrito em termos de criação. O homem confia naquilo que ele mesmo criou. Não por pouco, ele é descrito como "obra de mãos humanas". O homem compõe o seu deus à sua imagem e semelhança. Antes de sermos formados à imagem dos ídolos, nós formamos ídolos à nossa imagem. Como a idolatria é um afastamento da adoração ao transcendente para uma aproximação religiosa do que é imanente, ela se manifesta como uma projeção. Adoramos algo à imagem da criatura, ao invés da imagem do Criador, porque amamos mais a nós mesmos que a divindade suprema, e com isso formulamos ídolos que se assemelhem conosco: "à imagem da criatura", diz Paulo. Isso é claramente manifesto no Salmo 115, mas também aparece na descrição do profeta Isaías acerca da produção dos ídolos: "O ferreiro pega uma ferramenta e trabalha nas brasas; vai moldando um ídolo com o martelo *e forja-o com a força do seu braço*" (Isaías 44:12) e "O carpinteiro estende o cordel sobre a madeira e, com o lápis, esboça uma imagem; alisa-a com plaina, marca com o compasso e faz uma escultura *à semelhança e beleza de um ser humano*, para ser colocada num templo" (Isaías 44:13). O homem deliberadamente escolhe o material, usa suas mãos e engenhosidade para construir um deus pessoal, projeta, esboça, desenha, molda e então se prostra diante dele. Nesse cenário, o homem está se prostrando diante de sua própria obra, e se ajoelha para si mesmo, já que ele é a origem última daquele deus. Adorar o ídolo é adorar quem criou o ídolo e se projetou sobre aquela escultura. É uma autoadoração.

O fundo do poço da idolatria certamente é aquilo que ela faz com quem somos. Tornamo-nos cada vez mais corrompidos, destroçados e deformados por coisas muito menores do que nós, erigidas em nosso interior por serem criações nossas, mas que acabam nos criando de volta. Criamos os ídolos à nossa imagem e semelhança, mas então o ídolo nos devolve o favor e acirra ainda mais os pecados que deram vazão à ação idólatra.

Quando você olha no espelho, o que é que você vê? Quem você se tornou ao longo dos anos? Em que tipo de personalidade e caráter você fundou sua vida? Apesar dos erros, pecados e falhas, devemos estar cada vez mais sendo formados à imagem do Senhor, lutando para que Cristo seja conhecido cada dia mais neste mundo. Nada é pior do que nos tornarmos nada mais que fazedores de dinheiro, buscadores de sucesso, ansiosos por prazer, escravos da opinião alheia, colecionadores de pessoas. Precisamos olhar para a espada da Palavra e observar com cuidado o que é que sangra quando somos feridos por ela.

POR QUE A MULHER DE LÓ SE TORNOU UMA ESTÁTUA DE SAL?

Talvez a primeira demonstração de assemelhação idólatra de toda a Bíblia seja o caso da mulher de Ló, famosa por ter se tornado uma estátua de sal. Em Gênesis 19:17, lemos: "Havendo-os levado para fora, um deles disse: — Corra, para sair daqui com vida! Não olhe para trás, nem pare em toda a campina. Fuja para o monte, para que você não morra". A ordem do anjo do Senhor era que nenhum membro da família de Ló olhasse para trás ou parasse na campina enquanto fugiam da destruição de Sodoma e Gomorra. No verso 26, no entanto, somos informados de que "a mulher de Ló olhou para trás e virou uma estátua de sal". Geralmente esse caso tem sido interpretado como uma punição por ela não ter obedecido a Deus e tentar contemplar a destruição daquela cidade.

Ao olharmos dois textos específicos do Antigo Testamento, no entanto, percebemos algo intrigante. A destruição daquelas cidades estava de algum modo relacionada com o sal. Em Deuteronômio 29:23, lemos que Deus incendiou aquelas terras com enxofre e sal vindos dos céus, impedindo que qualquer coisa fosse produzida caso semeada naquele solo: "verão toda a terra abrasada com enxofre e sal, de modo que não será semeada, nada produzirá, nem crescerá nela erva alguma, assim como foi a destruição de Sodoma e de Gomorra". De modo semelhante, Sofonias 2:9 diz que apenas urtiga e sal sobraram naquelas terras: "Moabe será como Sodoma, e os filhos de Amom, como Gomorra, campo de urtigas, poços de sal e desolação perpétua". Aquela cidade foi destruída com abrasamento de enxofre e sal, sobrando no solo apenas urtigas e poços de sal. Quando a esposa de Ló olha para trás, é punida, transfigurando-se em uma estátua de sal.

A mulher de Ló foi punida por Deus ao se tornar, de forma exata, aquilo que estava se manifestando como seu objeto de adoração, o que parece ser a própria destruição daquelas cidades. Ao desobedecer ao próprio Senhor a fim de ver o sal e o enxofre que destruíam as terras de Sodoma e Gomorra, ela foi transformada em uma mulher de sal – de forma absolutamente literal. É um exemplo radical do homem se tornando aquilo que adora.

QUANDO OS HOMENS SE TORNAM BOIS

O modo como o Antigo Testamento trata o caso paradigmático da adoração ao bezerro de ouro no deserto também mostra esse ponto, ainda que de modo não tão literal. G. K. Beale percebe de forma sagaz que os adoradores do bezerro de ouro são descritos em linguagens bovinas, à semelhança de bezerros ou vacas selvagens. A desobediência dos adoradores do ídolo era descrita como uma "dura cerviz" (Êxodo 32:9; 33:3,5; 34:9), como um novilho obstinado. Não deve ser coincidência que essa expressão seja usada em todo Antigo Testamento, com exceção de Provérbios 29:1, só como atributo dos adoradores do bezerro de ouro (Êxodo 32:9; 33:3,5; 34:9; Deuteronômio 9:6,13; 10:16; 31:27). A festividade idólatra foi descrita em termos de eles estarem "soltos", "pois Arão o tinha deixado à solta" (Êxodo 32:25), evocando a imagem de um bezerro selvagem (Salmos 29:6). Deuteronômio 32:15-18 também descreve os idólatras como seres bovinos, provavelmente fazendo referência ao caso paradigmático da adoração ao bezerro de ouro. Lemos que "Jesurum engordou e deu coices" (v. 15) como descrição da idolatria a "deuses estranhos" (v. 16) e "sacrifícios aos demônios, não a Deus", pois eles "sacrificaram a deuses que não conheceram, novos deuses que vieram há pouco, diante dos quais os seus pais não tremeram" (v. 17). Não é à toa que, no tempo do exílio, Israel assume que fora disciplinado como "um novilho ainda não domado" (Jeremias 31:18). A mesma metáfora está em Oseias 4:16-17: "Como vaca rebelde, Israel se rebelou [...] Efraim está entregue aos ídolos".[2] Salmos 106:19-21 comenta de modo mais teológico:

> Em Horebe, fizeram um bezerro e adoraram o ídolo de metal fundido. E, assim, trocaram a glória de Deus pela imagem de um novilho que come capim. Esqueceram-se de Deus, seu Salvador, que, no Egito, havia feito coisas grandiosas.

Eles trocaram a glória de Deus pela imagem de um boi. A glória que deveria ser demonstrada pelo povo através da imagem e semelhança intrínseca à criação do homem foi trocada pela imagem de um animal. A ideia implícita é que agora eles representam a imagem do animal através da adoração idólatra (cf. Romanos 1:23). Em lugar de manifestar e representar a imagem de Deus, eles manifestavam a imagem de um bicho. Parece um tanto tosco pensar nisso. Chamar alguém de "gado" geralmente é um xingamento político para quem trata o partido como uma religião e o líder civil do momento como um messias. Parece risível. Mas o que a idolatria seria, se não uma manifestação do que há de mais bobo e deplorável na natureza humana? Temos o mandato de Deus para representar sua imagem pela terra – como veremos no próximo capítulo –, e acabamos representando a imagem de um quadrúpede ruminante.

É cômica a imagem de Nabucodonosor, por idolatrar o próprio reino e a própria glória, ao ser colocado de quatro por Deus, como um boi

---

2 Ibid., p. 77-78.

selvagem, em Daniel 4:30-33. Lemos que o rei se vangloria, dizendo: "Não é esta a grande Babilônia que eu construí para a casa real, com o meu grandioso poder e para glória da minha majestade?". Enquanto ele ainda estava pronunciando suas declarações de poderio e reinado, veio uma voz do céu que, dentre outras coisas, disse: "Você será expulso do meio das pessoas, e a sua morada será com os animais selvagens; você comerá capim como os bois". Isso foi para que ele reconhecesse "que o Altíssimo tem domínio sobre os reinos do mundo e os dá a quem ele quer". No mesmo instante, Nabucodonosor "começou a comer capim como os bois. O seu corpo foi molhado pelo orvalho do céu, até que lhe cresceram os cabelos como as penas da águia, e as suas unhas, como as garras das aves". Cada um de nós precisa identificar suas vacas sagradas, a fim de perceber à imagem de que boi nós estamos nos tornando. Nós estamos de quatro, no meio do mato, comendo capim, por causa do quê? Qual a nossa loucura? Basta olhar para quem nós nos tornamos ao longo dos anos para perceber o que temos adorado por tanto tempo.

FICANDO CEGO, SURDO E DURO

O paradigma do bezerro de ouro é encontrado em outras descrições idólatras do Pentateuco, como no livro de Deuteronômio. Em 4:27-28, lemos que o Senhor espalharia os idólatras entre os povos, e eles adorariam "a deuses que são obra de mãos humanas, madeira e pedra, que não veem, nem ouvem, nem comem, nem cheiram". Já a partir do capítulo 28, citando diretamente o capítulo 4 do próprio livro, Deuteronômio diz:

> O Senhor os espalhará entre todos os povos, de uma até a outra extremidade da terra. Ali vocês servirão outros deuses, deuses de madeira e de pedra, que nem vocês nem os seus pais conheceram. [...] ali o Senhor dará a vocês um coração que treme, olhos cansados e uma alma que desfalece. [...] Vocês viram com os seus próprios olhos tudo o que o Senhor fez na terra do Egito com Faraó, com todos os seus servos, e com toda a sua terra. Viram

> grandes provas, sinais e grandes maravilhas. Mas até o dia de hoje o Senhor não deu a vocês um coração para entender, nem olhos para ver, nem ouvidos para ouvir. [...] Viram as suas abominações e os seus ídolos, feitos de madeira e de pedra, e viram também a prata e o ouro que havia entre elas. Que entre vocês não haja homem, nem mulher, nem família, nem tribo cujo coração hoje se desvie do Senhor, nosso Deus, e vá servir os deuses destas nações. (Deuteronômio 28:64-66; 29:2-4; 17-18)

Em Deuteronômio 28-29, o efeito da idolatria foi a corrupção do coração, dos olhos e dos ouvidos, com os idólatras se retornando idênticos aos ídolos na exata descrição destes, no capítulo 4. Moisés fala em ambos os capítulos que o povo seria espalhado pela terra, e que eles serviriam a outros deuses de madeira e pedra, ídolos. No capítulo 4, esses ídolos são descritos como incapazes de ver, ouvir, comer ou cheirar. Nos capítulos 28-29, os idólatras são descritos como tendo um interior que treme (*lêb raggāz*, לֵב רַגָּז), olhos cansados e almas desfalecentes. Apesar de terem visto as obras de Deus, eles continuavam, por conta da idolatria, com corações que não entendiam, com olhos que não enxergavam e ouvidos que não ouviam. Eles se tornaram idênticos àquilo que adoravam.

Essa é a experiência de quem vive ouvindo das coisas da fé, mas é incapaz de internalizar aquilo que ouve; vendo, mas não enxergando; sentindo, mas não internalizando. Nosso interior fica fraco porque adoramos seres ocos. Deixamos de crescer na fé porque estamos nos tornando à imagem da nossa verdadeira religião – a verdade é que você sempre vai crescer em alguma fé. O problema não é que você não amadurece, é que você só amadurece em ganância e narcisismo. De fato, se você não entender quem é, não vai entender a quem você adora.

Fora dos textos de Moisés, o profeta que mais delongadamente tratou desse assunto foi certamente Isaías, que fala, por todo o seu livro, dessa relação entre idolatria e assemelhação ao ídolo. Ao ver o Senhor em seu trono, como lemos no capítulo 6, Isaías parece se reconhecer como parte daquele corpo de idólatras, ao falar que tem lábios impuros e que vive rodeado de homens igualmente impuros nos lábios (v. 5). Sabendo que um dos grandes problemas do público inicial de Isaías era a idolatria (Isaías 1:29-31; 2:8,18-19; 6:13), "fala impura" aqui pode estar atrelada à adoração idólatra. Um anjo, então, purifica seus lábios idólatras com uma brasa viva retirada do trono de Deus. O ser angélico diz: "Eis que esta brasa tocou os seus lábios. A sua iniquidade foi tirada, e o seu pecado, perdoado" (Isaías 6:7). Imersos em uma cultura idólatra, como reconhece o profeta, nossa única esperança é que saia algo quente do trono do Senhor que toque em nosso corpo e purifique quem somos.

Depois desse incrível encontro, Jeová comissiona Isaías para ser profeta e pregador ao povo de Israel, e ele se prontifica a esse serviço. Ao descrever como se dará esse ministério de ensino a um povo idólatra, lemos o Senhor dizer o seguinte:

> Então ele disse: – Vá e diga a este povo: "Ouçam; ouçam, mas sem entender. Vejam; vejam, mas sem perceber." Torne insensível o coração deste povo, endureça-lhes os ouvidos e feche os olhos deles, para que não venham a ver com os olhos, ouvir com os ouvidos e entender com o coração, e se convertam, e sejam curados. (Isaías 6:9-10)

O ministério de pregação de Isaías tornaria aquele povo ainda mais endurecido – coração, ouvidos e olhos estariam afetados pelo pecado de idolatria. Apenas com o arrependimento e a conversão é que eles poderiam ser curados de ser idênticos aos ídolos que adoravam. Em uma cultura ainda cristianizada, muitos descrentes frequentam fielmente igrejas aos domingos. Ouvem pregações, mas não conseguem ver, ouvir ou quebrantar o interior. A idolatria impede que o homem receba o poder transformador da Palavra, a menos que algo sobrenatural transforme cegos, surdos e endurecidos em homens abertos ao poder procedente do evangelho. Ao não sermos transformados à imagem daquilo que ouvimos todos os domingos, estamos debaixo da mesma condenação que o povo de Israel nos tempos do profeta. Essa assemelhação se manifestava também como punição divina aos idólatras, que, em lugar de manifestarem a imagem de Deus, manifestavam a imagem de esculturas. Esse caráter punitivo aparece com mais clareza posteriormente no livro do profeta:

> Fiquem espantados e continuem assim! Fiquem cegos e continuem sem ver! Eles estão bêbados, mas não de vinho; andam cambaleando, mas não por causa de bebida forte. Porque o Senhor derramou sobre vocês o espírito de profundo sono; ele fechou os olhos de vocês, que são os profetas, e cobriu a cabeça de vocês, que são os videntes. (Isaías 29:9-10)

Dessa forma, a promessa de conversão e restauração passava por uma mudança na imagem que os idólatras estavam refletindo. Deus abriria olhos, ouvidos e corações de modo sobrenatural, restaurando algo de sua imagem, que foi corrompida pela idolatria:

> Os olhos dos que veem não se fecharão, e os ouvidos dos que ouvem estarão atentos. O coração dos apressados saberá compreender, e a língua dos gagos falará com rapidez e clareza. (Isaías 32:3-4)

A promessa de conversão era uma promessa de reversão dos efeitos deletérios da idolatria. Assim, quando o povo começasse a dar ouvidos à mensagem do profeta, seu ministério seria uma luz que iluminaria olhos incapazes de ver por conta da cegueira espiritual causada pela adoração a ídolos cegos:

> "Eu, o Senhor, chamei você em justiça; eu o tomarei pela mão, o guardarei, e farei de você mediador da aliança com o povo e luz para os gentios; para abrir os olhos dos cegos, para tirar da prisão os cativos, e do cárcere, os que jazem em trevas." (Isaías 42:6-7)

O profeta, simbolizando também o grande e verdadeiro profeta que seria Jesus, abriria os olhos cegos pela idolatria. Aqueles que recusassem essa mensagem de arrependimento e salvação permaneceriam cegos, à semelhança dos objetos que eram adorados. A descrição do capítulo 42 relaciona diretamente a cegueira dos que se recusavam a se arrepender com a idolatria a ídolos que não enxergam:

> Retrocederão e ficarão cobertos de vergonha os que confiam em imagens de escultura e que dizem às imagens de fundição: "Vocês são os nossos deuses." "Escutem, surdos, e vocês, cegos, olhem, para que possam ver. Quem é tão cego como o meu servo, ou tão surdo como o meu mensageiro, a quem envio? Quem é tão cego como o meu amigo, e tão cego como o servo do Senhor? Você vê muitas coisas, mas não as observa; ainda que tenha os ouvidos abertos, não ouve nada." (Isaías 42:17-20)

A mesma descrição aparece no capítulo seguinte:

> "Traga o povo que é cego, ainda que tenha olhos, e que é surdo, ainda que tenha ouvidos. [...] antes de mim deus nenhum se formou, e depois de mim nenhum haverá." (Isaías 43:8,10b)

Ao longo do livro de Isaías, vemos a cegueira, a surdez e o endurecimento espiritual surgindo como uma maldição divina àqueles que recusavam a luz do único Deus verdadeiro para adorar divindades cegas, surdas e ocas criadas por mãos humanas.

INÚTEIS PELA IDOLATRIA

O caminho da assemelhação ao ídolo lida também com o valor do indivíduo. Fomos criados valiosos e operantes, mas a idolatria nos faz inúteis e sem valor. Falando sobre aqueles que esculpem e montam ídolos, Jeová os trata como nada, uma vez que constroem deuses que também não têm valor. Nisso, o artífice se torna tão vazio de valor quanto aquilo que ele constrói. Não é que o ídolo tome da inutilidade do artesão, mas é o artesão que toma da inutilidade do ídolo:

> "Todos os artífices de imagens de escultura são nada, e as coisas que eles tanto estimam não têm valor nenhum. Eles mesmos são testemunhas de que elas nada veem, nem entendem, para que sejam envergonhados." (Isaías 44:9)

Em seguida, poucos versos à frente, os ídolos são descritos nos mesmos termos:

> "Nada sabem, nem entendem, porque os olhos deles estão grudados, para que não vejam, e o coração deles já não pode entender. Nenhum deles cai em si, já não há conhecimento nem compreensão para dizer: 'Metade da madeira queimei e sobre as brasas assei pão e carne para comer. E será que daquilo que restou eu faria uma abominação? Deveria eu me ajoelhar diante de um pedaço de madeira?' Tal homem se apascenta de cinza; o seu coração enganado o iludiu, de maneira que não pode livrar a sua alma, nem dizer: 'Não é uma mentira isso que tenho em minha mão?'" (Isaías 44:18-20)

Isaías não é o único profeta que traz esse tipo de correlação. Jeremias apresenta o mesmo, ainda que não tão delongadamente:

> Assim diz o Senhor: "Que injustiça os pais de vocês acharam em mim, para que se afastassem de mim, seguindo os ídolos sem valor e se tornando eles mesmos sem valor? [...] Houve alguma nação que trocasse os seus deuses, mesmo que não fossem deuses de verdade? Mas o meu povo trocou a sua Glória por aquilo que não tem proveito algum". (Jeremias 2:5,11)

A linguagem de Jeremias é também de troca de glória. A ideia é que, em lugar de refletir a glória de Deus, eles refletiam a falsa glória dos ídolos, e assim se tornavam tão vazios de valor quanto esses objetos.

As palavras de Deus por meio de Jeremias são próximas das registradas em 2Reis 17:15: "Seguiram os ídolos sem valor, e assim eles mesmos se tornaram sem valor". Em vez de serem valiosos como imagem do Deus vivo, os homens preferiam perder seu valor ao adorar coisas inferiores.

Habacuque também registra esse processo de assemelhação:

> Para que serve o ídolo, visto que o seu artífice o esculpiu? E de que serve a imagem de fundição, mestra de mentiras, para que o artífice confie na sua obra, fazendo ídolos mudos? Ai daquele que diz à madeira: "Acorde!" E à pedra muda: "Levante-se!" Pode o ídolo ensinar? Eis que está coberto de ouro e de prata, mas, no seu interior, não há fôlego nenhum. O Senhor, porém, está no seu santo templo; cale-se diante dele toda a terra. (Habacuque 2:18-20)

A imagem que o profeta monta é que o ídolo não pode ensinar, não pode revelar nada acerca do Senhor. O "ídolo é 'um mestre de mentira' porque, embora o fabricante e os adoradores acreditem que um deus fala e ensina por intermédio do ídolo, na verdade, dentro da imagem só há o vazio",[3] diz Beale. Por isso, como o ídolo é incapaz de ensinar, os idólatras ficarão mudos diante do Deus vivo. O processo aqui é de assemelhação na incapacidade de fala. Assim como o ídolo é mudo, incapaz de dizer algo, o idólatra também está mudo, sem desculpas diante de Deus – incapaz de falar, uma vez que adorou o que também não fala.

TRADICIONALISMO COMO HIPOCRISIA IDÓLATRA

O mesmo surge no Novo Testamento. Dos casos apresentados por Beale, dois chamam nossa atenção, um nos evangelhos e outro em Romanos. É intrigante que o processo de *idolatria-assemelhação* surja no trato de Jesus com líderes religiosos, manifesto em *tradicionalismo*. Em Mateus 23, temos um dos discursos de Cristo contra os líderes

---

3 Ibid., p. 69.

religiosos daquele tempo. Jesus chama os fariseus de "guias cegos" por duas vezes (vv. 16, 24), devido ao seu compromisso com tradições não escriturísticas. Lembre-se de que a linguagem de cegueira está atrelada à idolatria na tradição do Antigo Testamento. Semelhantemente, ao acusar os líderes religiosos de hipocrisia e de apego a tradições doutrinárias contrárias à vontade de Deus em Marcos 7:6-13, Jesus cita Isaías 29, em que o profeta descrevia um povo de coração distante por causa da cegueira causada pela idolatria. Ao idolatrar doutrinas sem substância, eles próprios se tornavam religiosos sem profundidade. A metáfora do sepulcro caiado mostra como eles eram transformados pelas religiões interiores.[4] Eles tinham uma casca de religiosidade, mas eram mortos por dentro, já que suas doutrinas tinham casca de sentido, mas nenhuma substância de vida oriunda da revelação divina. O tradicionalismo, então, está atrelado à hipocrisia, à superficialidade de fé. Por seguirem ideias religiosas idólatras, eles mesmos se tornavam meras ideias religiosas.

É por isso que o tradicionalismo doutrinário, aquela postura diante da vida de fé que valoriza mais costumes humanos e práticas sacralizadas pela antiguidade que a revelação da Escritura, é apresentado por Cristo como um tipo de idolatria do coração. Proteger a igreja de posturas meramente tradicionalistas não é uma questão acerca de modernidade, renovação ou progresso, mas de adoração e religião interior. O tradicionalismo provém de uma cegueira espiritual que deixa tanto o homem quanto suas doutrinas mortos por dentro.

HOMOSSEXUALIDADE COMO ADORAÇÃO

Em Romanos 1, Paulo relaciona o processo de idolatria ao que é criado com comportamentos sexuais homoeróticos:

---

4 Cf. BEALE, G. K. *Você se torna aquilo que adora*: uma teologia bíblica da idolatria. São Paulo: Vida Nova, 2014. p. 166-169.

> Dizendo que eram sábios, se tornaram tolos e trocaram a glória do Deus incorruptível por imagens semelhantes ao ser humano corruptível, às aves, aos quadrúpedes e aos répteis. Por isso, Deus os entregou à impureza, pelos desejos do coração deles, para desonrarem o seu corpo entre si. Eles trocaram a verdade de Deus pela mentira, adorando e servindo a criatura em lugar do Criador, o qual é bendito para sempre. Amém! Por causa disso, Deus os entregou a paixões vergonhosas. Porque até as mulheres trocaram o modo natural das relações íntimas por outro, contrário à natureza. Da mesma forma, também os homens, deixando o contato natural da mulher, se inflamaram mutuamente em sua sensualidade, cometendo indecência, homens com homens, e recebendo, em si mesmos, a merecida punição do seu erro. (Romanos 1:22-27)

Beale comenta que o "castigo justo para a adoração anômala a Deus é a anomalia em outros relacionamentos, o que inclui homossexualidade, lesbianismo, desobediência aos pais e toda sorte de relações anômalas com o outro (v. 24-32)". Dessa forma, Deus os castiga pela idolatria interior fazendo com que "os relacionamentos não naturais dos idólatras com outros se assemelhem ao relacionamento não natural deles com Deus". Em vez de representarem a imagem de Deus, refletem a natureza corruptível de elementos da criação.[5] Os homens mudam a glória de Deus em adoração carnal na homossexualidade, pois, em lugar de representarem a imagem divina, representam aquilo que é pecaminoso. São transformados não apenas no nível dos comportamentos, mas nas próprias inclinações sexuais mais íntimas. Sexualidade não diz respeito apenas a questões hormonais ou ao desenvolvimento infantil, mas ao que adoramos em nosso coração.

G. K. Beale nos ajuda a perceber, a partir da teologia bíblica, que nossas adorações interiores afetam quem nós somos. O caráter depende da religião porque adoramos também em nível moral e psicológico. Quem

---

5 Ibid., p. 202-203.

somos é afetado por aquilo que projetamos na realidade, de forma que o homem eclipsado é o homem transformado pelo ídolo. Nenhuma adoração sai impune.

À IMAGEM DO ÚNICO DEUS VERDADEIRO

As religiões nos transformam. Felizmente, isso não se dá apenas de modo negativo. Paulo estabelece que também restauramos mais da imagem de Deus em nós à medida que nos aproximamos dele e nos submetemos à sua vontade, contemplando suas maravilhas: "E todos nós, com o rosto descoberto, contemplando a glória do Senhor, somos transformados, de glória em glória, na sua própria imagem, como pelo Senhor, que é o Espírito" (2Coríntios 3:18). Enquanto o ídolo é incapaz, o Senhor é o todo-poderoso. Manifestamos sua imagem no mundo quando nos prostramos diante dele. Se nossa imagem e semelhança foi quebrada – ainda que não totalmente destruída – com o pecado, fugir de tudo o que é pecaminoso e buscar a santificação em Cristo é retornar em direção à imagem de nosso Senhor.

Semelhantemente, na epístola aos Romanos, o apóstolo nos lembra que essa formação à imagem de Deus é inescapável àquele que vive fielmente debaixo do amor justificador de Deus:

> E sabemos que todas as coisas contribuem juntamente para o bem daqueles que amam a Deus, daqueles que são chamados segundo o seu propósito. Porque os que dantes conheceu também os predestinou para serem conformes à imagem de seu Filho, a fim de que ele seja o primogênito entre muitos irmãos. (Romanos 8:28-29)

Seremos a cada dia mais formados à semelhança de Deus se permanecermos nesse amor. Os ídolos serão destruídos quando nos apegarmos à obra do salvador, e seremos cada vez mais parecidos com ele. Não estamos em um esforço de formar a *Imago* em nós, mas recebemos isso como atuação divina. Não é por obras, mas pela fé na obra completa do evangelho. Há um esforço em direção à deformação idólatra, mas um recebimento de graça em sermos formados à imagem de Cristo Jesus. Ao fim de *Cristianismo puro e simples*, C. S. Lewis descreve de modo vívido a importância de encontrarmos nossa identidade na pessoa e na obra plena de Jesus Cristo:

> Quanto mais abrimos mão de "nós mesmos" e deixamos Cristo assumir o controle, mais verdadeiramente nos tornamos nós mesmos. [...] nosso eu verdadeiro está esperando completamente nele. Não adianta tentar ser eu mesmo sem ele. Quanto mais eu resisto a ele e tento viver independentemente dele, mais me deixo dominar pela minha própria hereditariedade, pela criação, pelo ambiente e pelos desejos naturais. [...] É só quando me volto para Cristo, só quando abro mão de mim mesmo para entregar-me à sua Pessoa que começo a ter uma personalidade realmente minha. [...] Mas é preciso que haja uma entrega real do seu eu. Você deve jogá-lo fora, por assim dizer, "às cegas". Cristo de fato vai lhe dar uma personalidade real, mas você precisa ir ao encontro dele para isso. Enquanto estiver preocupado com sua própria personalidade, você jamais caminhará na direção dele. [...] Se você buscar a si mesmo, só o que irá encontrar, no fim das contas, é o ódio, a solidão, o desespero, a ira, a ruína e a decadência. Mas, se você buscar a Cristo, acabará por encontrá-lo e, junto com ele, todas as demais coisas.[6]

Precisamos buscar conhecer quem somos nesse grande terreno de idolatrias. Paulo sabia quem ele era. Em 1Coríntios 1:15, ele diz: "pela graça de Deus eu sou o que sou", deixando claro que, diante da atuação da graça, ele encontrava autoconhecimento. O que falta para que Cristo seja nosso verdadeiro Deus? Ser idólatra é ser formado à imagem do pecado, enquanto seguir a Jesus é ser transformado em nosso âmago

6 LEWIS, C. S. *Cristianismo puro e simples*. Rio de Janeiro: Thomas Nelson Brasil, 2017. p. 284-286.

pela nossa fé. Não faz sentido que Cristo seja um detalhe, que o cristianismo seja apenas uma tradição familiar ou que a fé apenas nos afete aos domingos. Ou Jesus é uma transformação de quem somos em nível fundamental e radical, ou ainda não começamos a participar daquilo que emana da verdadeira religião. Cristo é quem somos em nosso âmago – nossos sonhos, prazeres, interesses são moldados por Cristo. Somos pessoas no mundo fazendo o que quer que seja em nome de Jesus, e só existimos para que o nome dele seja glorificado na terra. Ele é nosso fundamento, nossa razão, nossa imagem. Enquanto Jesus não for tudo o que queima em nosso coração e transpira pelos nossos poros, ainda não começamos a participar da transformação fornecida por ele. Ter no coração o Deus vivo como única razão e esperança é o que nos protege dos falsos ídolos.

Dividi a humanidade em dois grandes grupos. Um é o daqueles que vivem segundo o homem; o outro, o dos que vivem segundo Deus. Damos misticamente a esses dois grupos o nome de *cidades*, que quer dizer sociedades de homens. [...] Dois amores fundaram, pois, duas cidades, a saber: o amor-próprio, levado ao desprezo a Deus, a terrena; o amor a Deus, levado ao desprezo de si próprio, a celestial.

Agostinho, *A cidade de Deus*[1]

1 AGOSTINHO. *A cidade de Deus*: (contra os pagãos), parte II. Petrópolis: Vozes; São Paulo: Federação Agostiniana Brasileira; Bragança Paulista: Editora Universitária Francisco, 2017. 15.1.1. grifo meu.

PARTE 2
IDOLATRIA
PARA FORA

CAPÍTULO 4

TODA RELIGIÃO TEM SUA IGREJA: NÓS NOS CONGREGAMOS EM TORNO DAS IDOLATRIAS

THE TOXICITY OF OUR CITY.
WHAT DO YOU OWN THE WORLD?

System of a Down, *Toxicity*

Os aplausos eram ensurdecedores. Ela tinha as mãos espalmadas sob o púlpito de vidro, emocionada diante do microfone que amplificava seu testemunho ao auditório. "Foi assim que eu me converti", e mais aplausos. "Eu finalmente encontrei um sentido para viver", e alguns risos amigáveis. "Vocês se tornaram minha família", e os suspiros de aprovação eram audíveis. Estávamos em uma universidade de renome, em um evento de filosofia política. Os participantes contavam a história de como mudaram de certo grupo de militância política para uma militância política mais próxima daquele novo movimento. Não era apenas um ciclo de palestras. Era uma catedral.

Quando pensamos em nossa religião externa, aquela que seguimos como credo público, geralmente falamos de comunidades, igrejas e congregações. Cristãos se reúnem aos domingos para se incentivarem à fé e às boas obras. A questão é que nós nos reunimos em torno de nossas idolatrias também. As religiões do coração também têm seus templos. É o que encontramos nas Escrituras ao percebermos que constantemente procuramos reuniões em afinidade. Para entendermos isso bem, precisamos olhar para a teologia das origens, de Gênesis 1 a 11.

REPRESENTAÇÃO DIVINA: GOVERNO, POLÍTICA E ÍDOLOS NO JARDIM

O que justifica que um homem governe outro? Ou quais as justificativas para que um homem preste submissão a um igual? Dizer-se rei, faraó, imperador, césar ou presidente dá um poderio especial a certos homens, e é necessário explicar por que esses indivíduos costumam receber subserviências por vezes das mais radicais. A teologia bíblica explica isso através da *representação*, o aspecto inerente à criação, de que todo homem deveria ser um representante de Deus em domínio da criação, em uma atuação semelhante à ação imperial mesopotâmica e egípcia do contexto de Gênesis 1-11. Pode parecer que há alguma distância entre os assuntos, mas há algo profundamente político na criação da humanidade que afeta nossa compreensão da idolatria. Todo homem deveria ser um governante que representava o governo do próprio Deus de forma direta e íntima. Com a Queda, no entanto, essa representação foi torcida pelo pecado, e os homens passaram a governar segundo seus próprios interesses e a construir cidades em torno de suas paixões infiéis.

Os homens, confusos em seus pecados, passam a perceber imagens distintas nos seus semelhantes, principalmente nos que desejaram governar sobre os outros. Um líder civil atua em domínio, e deveria ser um representante exato da vontade Deus, mas foi corrompido pelo pecado e atua em graus variados de distanciamento do Senhor. Apegar-se ao aspecto criacional pode levar alguns à subserviência moral, intelectual, emocional e espiritual às vontades do partido e do político, enquanto se apegar ao aspecto da Queda pode levar muitos a crer no esforço político de representação como imoral e criminoso, transformando a anarquia em único caminho justo. Isso trataria o fenômeno da idolatria política, uma das principais manifestações externas da idolatria, como um apego desregulado a tudo que os governantes civis *deveriam* ser como criaturas à imagem e semelhança de Deus, desconsiderando os efeitos nocivos da Queda na representação divina.

Ao olharmos para os tempos remotos, deuses e reis sempre foram amigos, de forma que a história política antiga é quase sempre uma história da teocracia. Essas relações entre deuses e autoridades sociais foram percebidas pelo filósofo suíço Jean-Jacques Rousseau (1712-1778), em *Du Contrat Social*, quando diz que no início "os homens não tinham reis, exceto os deuses, e nenhum governo, salvo a teocracia. Eles raciocinaram como Calígula e, nesse período, raciocinaram corretamente".[2] De onde isso surgiu? As explicações passam pelo relato da Criação, pelo significado de *Imago Dei* e pelos efeitos terríveis da Queda sobre a representação humana e o mandato sociocultural.

Quando Deus criou Adão e Eva, ele os fez como representantes de seu governo para o mundo. Eles seriam reis sobre a criação, dentro do plano de construir um povo real, representando de forma perfeita a imagem de Deus. Eles eram reis em perfeita representação.[3] É o que encontramos em Gênesis 1:26-28, quando lemos:

> E Deus disse: — Façamos o ser humano à nossa imagem, conforme a nossa semelhança. Tenha ele domínio [...]. Assim Deus criou o ser humano à sua imagem, à imagem de Deus o criou; homem e mulher os criou. E Deus os abençoou e lhes disse: — Sejam fecundos, multipliquem-se, encham a terra e sujeitem-na. Tenham domínio [...].

Percebe-se claramente que a criação à imagem e semelhança está intimamente relacionada com ter domínio sobre a terra e a sujeitá-la, mas o que isso significa apropriadamente? Tem sido um consenso cada vez mais emergente desde a década de 1970 entre os teólogos que o contexto mais significativo no Antigo Oriente Próximo para o

---

2 ROUSSEAU, J-J. *The Social Contract and Discourses*. London and Toronto: J.M. Dent and Sons, 1923. p. 113.

3 Podemos inferir que Adão e Eva formariam um reino sacerdotal, o que outrora foi prometido a Israel (Êxodo 19:5-6), mas negado por conta da quebra da Aliança (Malaquias 2:1-9) e cumprido plenamente apenas na Igreja (1Pedro 2:9).

uso de "imagem e semelhança" vem das noções de domínio dos reis,[4] principalmente após o trabalho do entomologista austríaco Helmuth Holzinger (1928-1992)[5] e do teólogo católico romano, também reitor da Universidade de Würzburg, Johannes Hehn (1873-1932).[6] Essa interpretação é considerada até pelos críticos como "a opinião mais influente hoje".[7] A tese de doutorado escrita em 1984 por Edward Curtis, intitulada *Man as the Image of God in Genesis in the Light of Ancient Near Eastern Parallels*,[8] orientada pelo especialista em Antigo Oriente Próximo Jeffrey Tigay, é até hoje a obra mais completa sobre a influência do contexto de adoração real no livro de Gênesis.[9]

O que essa posição teológica sobre o significado de "imagem e semelhança" percebe é que a prática comum dos reis naquele tempo era construir estátuas às suas imagens em terras conquistadas para representarem as autoridades de seus reinados. Essa era uma forma de os reis demonstrarem presença de realeza, mesmo que não física, em determinado território.[10] O rei, por sua vez, era também uma representação da divindade nacional. Em uma abundância de textos, os reis antigos eram tratados como a "imagem de deus", especialmente nos antigos Mesopotâmia e Egito.[11] Em *Identity and Idolatry* [Identidade e Idolatria], o teólogo e professor do *Gordon-Conwell Theological Seminary* Richard Lints explica:

---

4 WESTERMANN, C. *Genesis 1-15*: A Commentary. Minneapolis: Augsburg Fortress, 1984.

5 HOLZINGER, H. *Genesis erklärt*. Freiburg-im-Breisgau: Mohr, 1898.

6 HEHN, J. H. "Zum Terminus 'Bild Gottes'". In: WEIL, Gotthold (ed.). *Festschrift Eduard Sachau, zum siebzigsten Geburtstage gewidmet von Freunden und Schülern*. Berlin: Reimer, 1915. p. 36-52.

7 BARR, J. *Biblical Faith and Natural Theology*. Oxford: Clarendon, 1993. p. 158.

8 CURTIS, E. M. *Man as the Image of God in Genesis in the Light of Ancient Near Eastern Parallels*. Ph.D. dissertation. University of Pennsylvania, 1984.

9 Uma apresentação dessa perspectiva que se tornou popular no Brasil pode ser encontrada em BEALE, G. K. *Você se torna aquilo que adora*: uma teologia bíblica da idolatria. São Paulo: Vida Nova, 2014. p. 127-140.

10 BRUEGGEMANN, W. Genesis: *A Bible Commentary for Teaching and Preaching*. Atlanta: John Knox, 1982. p. 39.

11 LEVENSON, J. *Creation and the Persistence of Evil*: The Jewish Drama of Divine Omnipotence. San Francisco: Harper & Row, 1988. p. 114.

> Os deuses que colocaram uma linhagem deles na terra na pessoa do rei [...] esperariam que o rei colocasse uma estátua de si mesmo nos templos. Embora os deuses residissem no céu ou no topo de uma montanha, sua presença real foi comunicada ao templo em virtude da estátua do rei ali colocada. No mundo antigo, onde havia pouca distinção entre autoridade política e religiosa, a linguagem da "imagem" teria carregado um tom religioso e político entrelaçado. Como imagem da divindade, o rei exercia autoridade absoluta sobre o reino, e o templo em que residia a imagem do rei era o símbolo concreto do reinado da divindade através do rei.[12]

Edward Curtis, por sua vez, explica que o rei, quanto *à* imagem viva de Deus, era "como a estátua cultual, um lugar no qual o deus se manifestava e era o principal meio pelo qual a divindade trabalhava na terra". Segundo o autor, "pensava-se que o rei, como imagem do deus, mediava a presença e o poder do deus na terra".[13] A atual riqueza de estudos comparativos de Israel e do Antigo Oriente Próximo nos ajuda a ter mais certeza sobre essa relação. Richard Middleton (1955-), professor de cosmovisão e exegese do *Northeastern Seminary* e professor adjunto de teologia no *Roberts Wesleyan College*, explica em *The Liberating Image: The Imago Dei in Genesis 1* que "a prática antiga dos reis de criar imagens de si mesmos em terras distantes é muito bem-atestada tanto nas inscrições nas próprias estátuas quanto nos documentos reais que descrevem a prática".[14]

Além de numerosas inscrições nas próprias estátuas, os registros literários sobreviventes de muitos reis neoassírios descrevem a prática.[15] *Várias fontes apresentam os líderes civis como designados à imagem*

---

12 LINTS, R. *Identity and Idolatry*: The Image of God and Its Inversion. InterVarsity Press, 2015. p. 69-70.

13 CURTIS, E. M. *Man as the Image of God in Genesis in the Light of Ancient Near Eastern Parallels*. Ph.D. dissertation. University of Pennsylvania, 1984. p. 92-94, 152-153.

14 MIDDLETON, J. R. *The liberating image*: The imago Dei in Genesis 1. Brazos Press, 2005. p. 105. Richard Middleton cita uma lista de referências aos antigos reis e sacerdotes do Oriente Próximo como a imagem de um deus em particular (cf. p. 27, n. 37).

15 Cf. LUCKENBILL, D. D. *Ancient Records of Assyria and Babylonia*. v. 1. Historical Records of Assyria from the Earliest Times to Sargon. New York: Greenwood, 1968. p. 145-147, 201.

e semelhança de um deus em particular, seja Enlil, Shamash, Marduk, Amon-Re ou Hórus, "uma designação que serviu para descrever sua função (análoga à de uma imagem de culto) de representar a divindade em questão e de mediar a bênção divina para o reino terrestre", escreve Middleton; ele também explica que, em alguns exemplos da Mesopotâmia, a palavra usada para "imagem" é precisamente o cognato acadiano do hebraico *ṣelem*.[16]

Por exemplo, o estatuto do rei Adad-iti (ou *Had-yit'î*) encontrado em sua estátua em *Tell Fekheriyeh* (na Síria moderna) em 1979 tem uma inscrição bilíngue reconhecendo a bênção do deus Adad (ou *Hadad*) sobre o rei, sinalizando seu domínio sobre a província assíria de Guzan. Especialmente significativo sobre essa inscrição é que ela contém os equivalentes aramaicos de *ṣelem* e *dĕmût*, além do equivalente acadiano de *ṣelem* como termos sinônimos que designam a estátua. Assim, parece fornecer um paralelo muito adequado à ideia de *Imago Dei* em Gênesis 1.[17] Um rei assírio do século 7 a.C., Esar-Hadom, é abordado por um de seus correspondentes, o astrólogo e oficial da corte Adad-shum-uṣur, como a imagem de Bel: "O pai do rei, meu senhor, era a própria imagem (*salmu*) de Bel, e o rei, meu senhor, é igualmente a própria imagem de Bel".[18] Em outra carta, Adad-shum-uṣur chama Esar-Hadom de "imagem de Shamash": "O rei, o senhor dos países, é a [verdadeira] imagem (*ṣalmu*) de Shamash".[19] Para Esar-Hadom, o mesmo escritor diz: "o rei [...] é semelhante à [exata] imagem (*muššulu*) de deus".[20] No mesmo período, o astrólogo Asharidu se dirige a um rei assírio não identificado: "Ó rei, tu és a imagem de Marduk quando estás zangado com teus servos!".[21]

---

16 MIDDLETON, J. R. *The liberating image*: The imago Dei in Genesis 1. Brazos Press, 2005. p. 27.

17 Ibid., p. 135-141.

18 PFEIFFER, R H. *State letters of Assyria*: a transliteration and translation of 355 official Assyrian letters dating from the Sargonid period (722-625 BC). American Oriental Society, 1935. p. 9ss. (n. 161).

19 Ibid., p. 186 (n. 264).

20 Ibid., p. 234 (n. 345).

21 THOMPSON, R. C. (ed.). *The Reports of the Magicians and Astrologers of Nineveh and Babylon in the British Museum*: English translations, vocabulary, etc. Luzac and Company, 1900. p. 58 (n. 170, linha 2f).

Os historiadores concordam que os reis eram imagem dos deuses como portadores de seus espíritos, de forma especial e mais pungente, e que seus governos representavam governos de suas divindades.

Esse pano de fundo mostra que os homens eram imagem e semelhança de Deus em um sentido *teofânico*, isto é, como representantes da presença soberana de Deus no templo da criação.[22] O conceito de "imagem de Deus" viria então diretamente do modo como reis eram imagem de seus deuses e de como representavam a autoridade dos deuses no domínio do mundo. Segundo o teólogo alemão Gerhard von Rad (1901 1971), certamente um dos maiores popularizadores dessa perspectiva acerca do significado de *Imago Dei*, "Assim como reis terrestres poderosos, para indicar sua reivindicação de domínio, erigem uma imagem de si nas províncias de seu império, onde não aparecem pessoalmente, então o homem é colocado na terra à imagem de Deus como emblema soberano de Deus".[23]

Esse argumento ganha mais força quando percebemos que os verbos usados nos versículos 26 e 28 do capítulo 1 (*radah*, "reinar, dominar"; *kabash*, "sujeitar, subjugar"), em direta relação com a imagem e semelhança de Deus no homem, têm uma ideia de reinado e um plano de fundo imperial.[24] Com base nisso, Richard Middleton define apropriadamente que ser imagem e semelhança de Deus diz respeito ao "cargo real ou ao chamado dos seres humanos como representantes e agentes de Deus no mundo, com poder autorizado para compartilhar o governo ou administração de Deus dos recursos e criaturas da Terra".[25]

No entanto, diferentemente do governo representativo dos reis pagãos, o governo representativo do homem jamais se converteria em tirania. Nas antigas mitologias pagãs do domínio real, apenas reis tinham

---

22 MCBRIDE, S. D. "Divine Protocol: Genesis I: as Prologue to the Pentateuch". In: BROWN, W. P.; MCBRIDE, S. D. (eds.). *God Who Creates*. Grand Rapids: Eerdmans, 2000. p. 16.

23 RAD, G. Von. *Genesis*: a commentary. London: Westminster John Knox, 1972. p. 60.

24 LEVENSON, J. *Creation and the Persistence of Evil*: The Jewish Drama of Divine Omnipotence. San Francisco: Harper & Row, 1988. p. 112.

25 MIDDLETON, J. Richard. *The liberating image*: The imago Dei in Genesis 1. Brazos Press, 2005. p. 27.

esse ofício representativo. Em Gênesis, por outro lado, toda a humanidade é imagem de Deus e dotada de poder de domínio. É a humanidade como um todo que representa o Deus invisível.[26] Uma vez que essa representação estava em sujeição ao único Senhor verdadeiro e era própria de todos os homens, homem nenhum poderia se arrogar acima dele, ou estabelecer os próprios mandos. Disse Richard Lints que os monarcas do Antigo Oriente Próximo deveriam costumeiramente mostrar uma preocupação especial pelos pobres e destituídos, mas que, em Gênesis 1, "os portadores da imagem de Deus incluem os pobres e destituídos, assim como o monarca". Ele então conclui: "O domínio humano não seria absoluto, pois o governo de Deus, por si só, era absoluto, nem seria tirânico, pois sempre seria responsável perante Deus".[27]

Deve-se considerar que seria exagerado dizer que a imagem de Deus é exclusivamente relacionada a esse domínio real, e que o governo dos homens sobre a criação representa a totalidade do significado de *imagem* e *semelhança*. Até mesmo Von Rad argumenta que essa posição de governo é consequência da *Imago Dei*, não sendo pertencente à sua definição.[28] Não é que ser imagem signifique intrinsecamente poder de governo, mas sim que o homem pode governar o mundo porque é representante – ele é capaz por causa disso. Bray argumenta de modo semelhante, mas mais corretamente, que o conceito de "domínio" é uma dimensão importante de ser imagem de Deus, mas não constitui sua essência.[29] O que ambos os autores não parecem considerar o suficiente é a íntima ligação entre o *imperativo* de domínio como primeiro resultado do *indicativo* da imagem, o léxico profundamente imperial dos textos de Gênesis e o contexto sociopolítico da narrativa de Gênesis. O domínio certamente está envolvido com o *significado intrínseco* de ser imagem de Deus, por mais que não esgote todo o seu significado.

---

26 LEVENSON, J. *Creation and the Persistence of Evil*: The Jewish Drama of Divine Omnipotence. San Francisco: Harper & Row, 1988. p. 116.

27 LINTS, R. *Identity and Idolatry*: The Image of God and Its Inversion. InterVarsity Press, 2015. p. 70.

28 RAD, G. Von. *Genesis*: a commentary. London: Westminster John Knox, 1972. p. 57.

29 BRAY, G. "The Significance of God's Image in Man". *TynB* 42.2, 1991. p. 195-225.

Em resumo, Adão e Eva, assim como toda a humanidade, deveriam se portar como os perfeitos *representamem* de Deus para o mundo. Se a linguagem não é comum, cabe lembrar que um dos três pilares da semiótica de Charles Sanders Peirce (1839-1914) era o *representamem*, o signo linguístico. Para ele, um *representamem* era "qualquer coisa que é tão determinada por alguma outra coisa, [...] e assim determina um efeito sobre uma pessoa, [...] que a última é assim determinada pela primeira através de mediação".[30] Da semiótica, há uma ilustração precisa sobre as relações entre Deus e o exercício de domínio do homem na criação que aplicaremos em breve à relação entre política e religião.

Por muito tempo, creu-se nas estruturas políticas – sejam suas lideranças, visões específicas sobre sociedade ou mesmo previsões da história – como representantes do próprio Deus e seu interesse para o mundo. Essas amálgamas entre vontade divina e atuação civil davam sentido e determinação aos líderes por meio do transcendente. Era o império da política mediada, e seus efeitos foram variados nas muitas sociedades. As críticas geralmente feitas a esse tipo de visão política tentam apresentar o absurdo de lideranças civis quererem representar algum tipo de autoridade divina. Porém, à luz da teologia da *Imago Dei*, não seria essa a função exata de qualquer exercício de autoridade humana? Seria correto, então, dizer que, se Adão e Eva, como paradigma de toda a humanidade, exerceriam sua imagem divina através do exercício de governo e domínio em nome de Deus, os líderes civis que se diziam governar em nome de deuses estariam mais próximos de uma antropologia cristã que comumente estaríamos dispostos a assumir?

Adão e Eva, assim como toda a raça humana proveniente deles, deveriam representar Deus de forma quase absoluta no mundo. Não sabemos bem se existiriam estruturas nacionais se não houvesse pecado, e se teríamos impérios, constituições ou democracias, mas, sendo imagens do divino, as ações de governo e domínio do homem seriam íntimas às ações de governo e domínio do próprio Deus. Qual seria

---

30 PEIRCE, C. S. *Semiotic and Significs*: The Correspondence between C. S. Peirce and Victoria Lady Welby, 1977. p. 80-81.

o problema, portanto, de o governo civil se arrogar representante de Deus? A resposta estaria tanto na particularização de um governo comum a todos os homens à autoridade civil, fazendo com que reis e imperadores (e suas versões mais modernas) tenham um contato especial com a vontade divina, como se dotados de revelação particular, quanto no abuso da doutrina da Criação em detrimento da doutrina da Queda, o que ignora os conflitos complexos de homens desfigurados pelo pecado exercendo domínio. A tudo isso poderíamos chamar de *dessacralização*, para usar de modo livre a linguagem de Cacciari.

Para o filósofo italiano e *sindaco di Venezia* Massimo Cacciari (1944-), a manifestação comum do poder civil se desponta como dessacralização da soberania do verbo divino, tentando representar a autoridade deste. Aí mora a contradição da representação. Se há um poder superior do qual deriva o poder dos governantes desta era, o poder secular não é nem fonte, nem sede de sua própria autoridade, então sua representação divina deveria limitar sua autodivinização, não alimentar vontades de poder. O apóstolo Paulo segue essa perspectiva quando limita as atividades do Estado ao tratá-lo como menor do que Deus, servo e ministro deste (Romanos 13:1-7). Isso, no entanto, não é o que observamos ao longo da história do mundo. Os homens começam a construir ídolos para si e a tratar os que exercem domínio como representantes diretos não apenas de Deus, mas dos deuses. Ainda exercemos domínio sobre a Criação, mas o fazemos em erro e pecado. Somos espelhos quebrados que refletem de modo impreciso a imagem e semelhança do Senhor. Em vez de representarmos Deus na Criação, nós tentamos submeter o mundo em semelhança aos nossos pecados.

Esse aspecto governamental intrínseco a sermos imagem e semelhança divinas se manifesta das mais variadas formas. Os teólogos chamam isso de "mandato sociocultural". Assim como existe uma Grande Comissão que nos engaja com a salvação das almas, há uma ordem de que dominemos e governemos o mundo para Deus. Há na natureza do ser humano um exercício de domínio que se envolve no imanente. O Senhor não nos criou como fantasmas desencarnados, mas como corporeidades que pisam em um chão, que comem, e bebem, dormem, trocam, que interagem em dependência da realidade comum. Deus deseja que nós governemos essa criação. Quando ensinamos, vendemos, curamos, inventamos, cozinhamos, lavamos e dirigimos, estamos exercendo o domínio de Deus sobre a Criação.

Geralmente, temos uma visão dualista do mundo. Existe aquilo que é espiritual, relacionado geralmente com o que é devocional e litúrgico, como oração e leitura bíblica, e há aquilo que é desta vida, que é do mundo, que é comum. Alguém já deve ter perguntado como vai sua vida espiritual, e sua resposta foi sobre jejum e frequência na igreja, não sobre sua vida acadêmica ou profissional. A parte comum da existência é espiritual, não carnal. Viver de forma santa inclui ser o melhor profissional, voluntário ou doméstico que pudermos ser. Estamos construindo algo para Deus porque estamos exercendo o governo de Deus. Fomos criados para representar a Deus não apenas na pregação do evangelho, mas no exercício de todo cuidado cultural.

A questão que precisa ser respondida neste momento, porém, é a seguinte: Como os indivíduos que deveriam exercer seus domínios em nome do único Deus verdadeiro passaram a encontrar cada um deles a sua divindade civil particular? A resposta está ainda no princípio de tudo, nos primeiros capítulos de Gênesis, com as maldições da Queda, o relato do primeiro assassinato e suas consequências sociopolíticas.

O PRIMEIRO ASSASSINATO E A PRIMEIRA CIDADE

David Hume argumenta que o mundo começou politeísta ao considerar o monoteísmo um tipo mais amadurecido de religião e ao pontuar que, quanto mais voltamos na história, mais politeísta eram os povos.[31] Pressupondo um relato literal da Criação como descrito em Gênesis, no entanto, teremos Adão e Eva surgindo como pessoas que só conheciam um Deus, e seus filhos tendo que ouvir essas histórias sobre a existência de um único Criador. Como surgiram então deuses em competição na sociedade? Como saímos de Adão e Eva e de um único deus para

---

31 HUME, D. *História natural da religião*. São Paulo: Unesp, 2005. p. 23-41.

divindades políticas em conflito? Para o pensador iluminista Rousseau, cada povo tinha o seu deus porque a divindade estava intimamente relacionada com a própria ideia de unidade nacional. Então, por causa da amálgama íntima entre religião e política, cada grupo de governo tinha um deus específico, diferente do deus do outro:

> Pelo simples fato de que Deus estava estabelecido em todas as sociedades políticas, seguiu-se que havia tantos deuses quanto povos. Dois povos que eram estranhos um ao outro, e quase sempre inimigos, não podiam reconhecer por muito tempo o mesmo mestre: dois exércitos que batalham não podiam obedecer ao mesmo líder. As divisões nacionais levaram, assim, ao politeísmo.[32]

Uma explicação possível é a hipótese do conflito político. Com as unidades sociais entrando em conflito, não fazia sentido existirem guerras entre as mesmas lideranças espirituais. Assim, divergências sociais davam base para que deuses entrassem em conflito da mesma forma. Considerando implicitamente que os conflitos humanos começam no "eu contra tu" (conflitos entre pessoas), passando para o "eu contra o nós" (conflito do indivíduo com a coletividade), seguindo para o "eu contra eles" (conflito do indivíduo contra outras coletividades) e o "nós contra eles" (conflito da minha coletividade contra outras coletividades), encerrando no atual conflito do "eu contra eu", em que o indivíduo fagocita-se espiritual, psíquica e emocionalmente, Rousseau explica a existência de múltiplas divindades no imaginário antigo de forma sociológica, por um contexto de guerra e de unidades nacionais em conflito.

> Se é perguntado como nos tempos pagãos, onde cada Estado tinha seu culto e seus deuses, não havia guerras de religião, eu respondo que foi precisamente porque cada Estado, tendo seu próprio culto assim como seu próprio governo, não fez nenhuma distinção entre seus deuses e suas leis. A guerra política também foi teológica. As

---

32 ROUSSEAU, J-J. *The Social Contract and Discourses*. London and Toronto: J.M. Dent and Sons, 1923. p. 113.

> províncias dos deuses eram, por assim dizer, fixadas pelos limites das nações. O deus de um povo não tinha direito sobre outro.[33]

Com a Queda, veio o conflito entre os indivíduos. Escolhemos arbitrar sobre o certo e o errado, em vez de seguirmos os ensinos do Criador. Cuspimos na cara de Deus, e então surge caos nos relacionamentos. Adão e Eva estariam um contra o outro por causa da entrada do pecado no mundo: "O seu desejo será para o seu marido, e ele a governará [*machal*, מָשַׁל]" (Gênesis 3:16). O desejo da mulher se manifesta contra seu marido, e o marido exerceria domínio sobre a mulher. Há confusão onde antes havia unidade. Esses conflitos humanos desembocam muito em breve no primeiro assassinato. O relato do homicídio de Abel por seu irmão Caim representa o primeiro conflito sangrento que logo geraria as primeiras identidades nacionais.

Com o pecado, há promessa de redenção. Ainda em Gênesis 3, Deus promete que da descendência da mulher viria alguém que pisaria a cabeça da serpente e livraria a todos da condenação: "Porei inimizade entre você e a mulher, entre a sua descendência e o descendente dela. Este lhe ferirá a cabeça, e você lhe ferirá o calcanhar" (v. 15). O protoevangelho diz que satanás e tudo o que vinha com ele seria destruído, mas que isso viria com um preço. A cabeça da serpente seria ferida, mas o calcanhar do descendente também. Para destruir o diabo e seus frutos, o descendente se sacrificaria e teria os pés mordidos – a figura é de pisar na cabeça de uma cobra que lhe morde antes de morrer.

Logo em seguida, no início do capítulo 4, Eva recebe um filho homem, um descendente: "Adão teve relações com Eva, a sua mulher. Ela ficou grávida e deu à luz Caim. Então ela disse: – Adquiri um varão com o auxílio do Senhor". A estrutura da narrativa parece nos indicar alguma expectativa quanto ao primeiro filho do casal. Seria esse o descendente que se sacrificaria para livrar a todos dos efeitos destrutivos da obra da serpente? Pelo contrário. Nasce um segundo filho, e ambos começam a exercer domínio e governo sobre a Criação: "Abel foi pastor de ovelhas, e Caim foi

---

33 Ibid.

agricultor" (v. 2). Ambos trazem ofertas a Deus, mas apenas um deles foi aceito: "O Senhor se agradou de Abel e de sua oferta, mas de Caim e de sua oferta não se agradou" (v. 4-5). A tentação do pecado toma conta de Caim, que deveria "dominar" [*machal*, מָשַׁל] seus maus sentimentos.

Por inveja do seu irmão, que foi aceito por Deus – percebamos que a rejeição estava mais atrelada ao indivíduo que ao tipo ou qualidade da oferta entregue –, Caim o mata e é confrontado pelo Senhor, sendo proibido de permanecer na terra de sua família, tornando-se fugitivo e errante (Gênesis 4:1-16). Lemos então que, ao leste do Éden, nas terras de Node, "Caim edificou uma cidade e a chamou de Enoque [*chanok*, חֲנוֹךְ], o nome de seu filho" (Gênesis 4:17). A etimologia de "Enoque" provavelmente está relacionada ao semítico oriental *ḥnk*, que significa "inauguração", "início" ou "fundação".[34] Caim parece estar tentando construir alguma coisa nova. Ele parece estar tentando exercer governo e cumprir, ao seu modo, o mandato sociocultural. Ele é um assassino que ainda tem algo da imagem e semelhança de Deus em si, e então domina de forma civil. Ele tenta montar para si um reino, a fim de dar vasão a esse seu espírito subcriador.

O teólogo canadense Victor P. Hamilton (1941-) comenta que a construção de uma cidade por parte de Caim parece contradizer o que Deus disse anteriormente: que Caim seria um fugitivo. O que explicaria essa mudança de um estilo de vida nômade de volta para um estilo mais sedentário? Hamilton levanta a hipótese de que o ato de Caim pode ser um desafio contra Deus; já cansado da vida de nômade, ele se recusa a cumprir os termos de Deus. "A única outra referência à construção de uma cidade em Gênesis 1-11 é o incidente em Babel", Hamilton comenta, quando "todo o projeto de construção da cidade e elevação da torre é condenado por Deus. Ele sugere que o ato de Caim de construir uma cidade talvez "seja uma tentativa de fornecer segurança a si mesmo, uma segurança que ele não tem certeza de que a marca de Deus garante".[35] A artir daí, Caim funda uma sociedade sem Deus.

---

34 MATHEWS, K. A. *Genesis 1-11:26*. B&H Publishing Group, 1996.

35 HAMILTON, V. P. *The new international commentary on the Old Testament*: the book of Genesis chapters 1-17. Grand Rapids: Eerdmans, 1990.

Após esse relato em Gênesis, lemos uma longa genealogia que traz a descrição de dois povos: um que veio de Caim (Gênesis 4:18-24), e um que veio de Sete (Gênesis 4:25-5:32), o próximo filho de Adão e Eva; esses povos foram interpretados por vários teólogos como os "filhos de Deus" e os "filhos dos homens" de Gênesis 6, compondo comunidades distintas de pessoas que se projetaram por caminhos diferentes (em torno de Deus, a partir de Sete; longe de Deus, a partir de Caim). Enquanto a descendência de Caim criou cidades, artes e tecnologias, a linhagem de Sete é lembrada como um tempo em que a humanidade adorava o Senhor (v. 26b). Há muito exercício de criação na descendência de Caim – eles produzem harpas, mas também produzem assassinatos em série. Existe um contraste imenso entre cada linhagem. De um lado, temos Lameque, o polígamo e assassino, contra o justo Enoque, que foi arrebatado porque andava com Deus.[36] Moisés está nos dando a história de duas famílias, de dois clãs, de duas congregações, de duas cidades.

Em *De Civitate Dei*, Agostinho de Hipona comenta que, enquanto Caim constrói uma cidade, Sete não o faz.[37] Isso parece evidenciar que existe algo de particularmente negativo na construção da primeira cidade. Nessa mesma obra, Agostinho diz que os nossos amores constroem nossas sociedades, uma vez que todos nos unimos pelas fontes internas que nos dão senso de sentido – nossas religiões. Ele diz:

> Dividi a humanidade em dois grandes grupos. Um é o daqueles que vivem segundo o homem; o outro, o dos que vivem segundo Deus. Damos misticamente a esses dois grupos o nome de cidades, que quer dizer sociedades de homens. [...] Dois amores fundaram, pois, duas cidades, a saber: o amor-próprio, levado ao desprezo a Deus, a terrena; o amor a Deus, levado ao desprezo de si próprio, a celestial.[38]

---

36 MATHEWS, K. A. *Genesis 1-11:26*. B&H Publishing Group, 1996.

37 AGOSTINHO. *A cidade de Deus*: (contra os pagãos), parte II. Petrópolis: Vozes; São Paulo: Federação Agostiniana Brasileira; Bragança Paulista: Editora Universitária Francisco, 2017. 15.1.9.

38 Ibid., 15.1.1.

Agostinho está dizendo, já no século 5, que as nossas sociedades são construídas em torno de nossas paixões. "Paixões" aqui, segundo Agostinho, é algo relacionado à busca pela origem absoluta de toda a diversidade temporal do sentido, a religião. Então, os nossos grupos humanos – no caso, as cidades – formam-se em torno das religiões, em torno das paixões referentes a Deus. Isso é ainda mais claro um pouco mais à frente no livro de Gênesis, na narrativa bíblica da Torre de Babel.

OS HOMENS EM VOLTA DA TORRE

Segundo o relato de Gênesis 11:1-9, os homens se uniram em torno da vontade de chegar até os céus com uma construção suntuosa, e assim fazer o próprio nome conhecido pela terra, em vez de povoar o mundo, como Deus ordenara. Middleton interpreta que, nas duas vezes em que os humanos dizem "Venha, façamos" (11:3) e "Venha, construamos" (11:4), temos uma imitação quase direta do discurso de Deus à corte celestial em Gênesis 1:26, na criação da humanidade ("façamos"). Isso sugere que "Gênesis 11 é um retrato da raça humana exercendo seu poder de imago Dei no desenvolvimento de sua própria civilização".[39] Por si só, não há pecado nisso. Imitarmos a força criadora de Deus em governo da criação faz parte de quem somos como imagem de Deus. O povo de Babel, no entanto, tenta fazê-lo por uma via negativa. Eles não queriam exercer governo para que Deus fosse glorificado, mas para propagar a própria glória. Exerciam domínio, mas para evitar cumprir o que era esperado deles. É interessante notar que a profundidade da cooperação daqueles inimigos foi elogiada por Deus, ainda que lamentasse que aquela unidade tivesse se dado em torno do pecado: "Eis que o povo é um, e todos têm a mesma língua" (v. 6). Então Deus dispersa os homens pela terra, confundindo seus idiomas (v. 7-9). Ambas as narrativas de Caim e de Babel mostram o senso de unidade que se deu em torno dos anseios do coração, e provam aspectos de unidade de propósito nas construções

---

39 MIDDLETON, J. Richard. *The liberating image*: The imago Dei in Genesis 1. Brazos Press, 2005. p. 222.

sociais. É sempre importante lembrar como projeções sociais idólatras de si formam torres que levam os homens à confusão.

O historiador romeno Mircea Eliade analisa as religiões antigas e conclui que o homem religioso tinha o desejo de habitar o mais próximo possível do "Centro do Mundo". O interesse de construção civil era também religioso, e estava intimamente associado ao esforço de localizar o país no meio da Terra – no "umbigo do Universo". Cada cidade se propunha, para a visão religiosa de seus fundadores e habitantes, uma *imago mundi*, uma reprodução em escala microcósmica do próprio Universo.[40] "Em outras palavras", diz o historiador das religiões,

> o homem das sociedades tradicionais só podia viver num espaço "aberto" para o alto, onde a rotura de nível estava simbolicamente assegurada e a comunicação com o *outro mundo*, o mundo transcendental, era ritualmente possível. O santuário – o "Centro" por excelência – estava ali, perto dele, na sua cidade, e a comunicação com o mundo dos deuses era-lhe afiançada pela simples entrada no templo. Mas o *homo religiosus* sentia a necessidade de viver sempre no Centro [...], a fim de não se afastarem do Centro e permanecerem em comunicação com o mundo supraterrestre. Numa palavra, sejam quais forem as dimensões do espaço que lhe é familiar e no qual ele se sente situado – seu país, sua cidade, sua aldeia, sua casa –, o homem religioso experimenta a necessidade de existir sempre num mundo total e organizado, num Cosmos. [...] A Criação do Mundo torna-se o arquétipo de todo gesto criador humano, seja qual for seu plano de referência. [...] a instalação num território reitera a cosmogonia.[41]

Uma vez que as cidades foram fundadas pela imitação das cosmogonias de cada povo, em imitação ao trabalho criador dos deuses, adversários que atacam as unidades civis "são equiparados aos inimigos dos

40 ELIADE, M. *O sagrado e o profano*: a essência das religiões. São Paulo: Editora WMF Martins Fontes, 2018. p. 44-45.

41 Ibid., p. 45-46.

deuses, aos demônios, e sobretudo ao arquidemônio, o Dragão primordial vencido pelos deuses nos primórdios dos tempos". Dessa forma, o ataque a cada *imago mundi* "equivale a uma desforra do Dragão mítico, que se rebela contra a obra dos deuses", e a vitória contra forças inimigas é vista como "a vitória exemplar do Deus contra o Dragão". Há uma explicação religiosa para a guerra e para a violência política. É por isso que os faraós eram imagens da divindade que venceu o dragão Apophis, "ao passo que seus inimigos eram identificados a esse Dragão mítico"[42] (falaremos sobre a representação divina dos faraós a seguir).

> É muito provável que as defesas dos lugares habitados e das cidades tenham sido, no começo, defesas mágicas; essas defesas – fossas, labirintos, muralhas etc. – eram dispostas a fim de impedir a invasão dos demônios e das almas dos mortos mais do que o ataque dos humanos. No Norte da Índia, na época de uma epidemia, descreve se em volta da aldeia um círculo destinado a interdizer aos demônios da doença a entrada no recinto. No Ocidente, na Idade Média, os muros das cidades eram consagrados ritualmente como uma defesa contra o Demônio, a Doença e a Morte. Aliás, o pensamento simbólico não encontra nenhuma dificuldade em assimilar o inimigo humano ao Demônio e à Morte. Afinal, o resultado dos ataques, sejam demoníacos ou militares, é sempre o mesmo: a ruína, a desintegração, a morte.
>
> Notemos que nos nossos dias ainda são utilizadas as mesmas imagens quando se trata de formular os perigos que ameaçam certo tipo de civilização: fala se do "caos", de "desordem", das "trevas" onde "nosso mundo" se afundará. Todas essas expressões significam a abolição de uma ordem, de um Cosmos, de uma estrutura orgânica, e a re-imersão num estado fluido, amorfo, enfim, caótico. Isso prova, ao que parece, que as imagens exemplares sobrevivem ainda na linguagem e nos estribilhos do homem

42 Ibid., p. 46-47.

> não religioso. Algo da concepção religiosa do mundo prolonga-se ainda no comportamento do homem profano, embora ele nem sempre tenha consciência dessa herança imemorial.[43]

Se a leitura de Eliade sobre as religiões antigas e a formação das cidades está correta, não é de se estranhar os relatos do início do Gênesis. Podemos perceber pelas histórias de Caim, da primeira cidade e da Torre de Babel que o impulso religioso ímpio dá base estrutural para sociedades e outras integrações humanas. Comunidades se uniram em torno do abandono da fé no Senhor e no estabelecimento da crença religiosa no poder humano. Se essa for a leitura correta do relato de Gênesis, percebemos que Moisés descreve que a descendência de Caim se organiza em torno de sua descrença, enquanto a descendência de Sete se organiza em torno da fé. Desde o início da história do mundo nós nos organizamos em torno daquilo que projetamos como o propósito final das coisas. Se você tem um projeto de sociedade e uma visão de mundo que está em direção ao Senhor, você forma uma sociedade em torno da grandeza de Deus. Se você tem um grupo de corações que é entregue ao ódio a Deus, você tem a formação de uma comunidade longe do Senhor. Entender pelo que nossos corações clamam nos ajuda a conhecer quais os fundamentos de nossas organizações sociais.

REIS DE NOSSAS PRÓPRIAS CRIAÇÕES

Os homens caídos não conseguiram abandonar a Deus e negar exercer seu domínio sobre o mundo, já que exercer esse governo é mais algo que *somos* do que algo que *fazemos*. Nós somos reis sobre a criação, mas o somos em pecado. Se nós não entendermos que precisamos de redenção em Cristo Jesus, vamos continuar tentando criar os nossos próprios reinos em torno de nossas idolatrias e religiões. Quando nós, em vez de nos sujeitarmos ao Deus verdadeiro e governarmos para ele, apenas adoramos outros deuses e erigimos senhores no nosso interior,

---

43 Ibid., p. 47-48.

cada exercício nosso na cultura e na sociedade se torna uma forma de construir um altar de adoração a mais um deus que temos dentro de nós. Porque fomos criados para exercer domínio, nós costumeiramente exercemos um domínio pecaminoso.

É por isso que é importante conhecermos os deuses do nosso interior – nossas idolatrias e religiões. Se não soubermos o que adoramos secretamente, não sabemos que cidades nós construímos e em torno de que nos congregamos e criamos comunidades. Somos inescapavelmente dominadores da cultura. Se adorarmos outros deuses, exerceremos domínio para cada um deles. O homem não apenas se torna aquilo que adora, mas torna o mundo à semelhança de suas adorações. A idolatria fundamental constrói e molda sociedades inteiras. Nossa vida cívica, política, econômica, relacional e familiar é fundada, muitas vezes, em religiões concorrentes.

Diante disso, três perguntas podem nos ajudar a avaliar qual a igreja de nossas religiões. Em primeiro lugar, você tem sido imagem e semelhança de quem? Perceber quem tem sido representado em cada uma de suas atitudes revela religiões escondidas no fundo da alma. Identificar quem recebe glória em cada uma de suas ações no mundo é fundamental nisso. Cristo deve estar sendo glorificado no ambiente acadêmico com seu esforço estudantil, no ambiente profissional com sua labuta diária, no ambiente familiar com seus cuidados amorosos em casa.

Em segundo lugar, em volta de que você construiu a sua cidade? Você construiu uma vida para si, ou está no processo de construir algo. Você tem uma família, uma casa, um grupo de amigos, grupos de entretenimento, rotinas e atividades. Você tem uma história de vida e cidades como frutos dela. Em torno de qual deus sua cidade foi construída? A estrutura da sua vida representa quais interesses? Se sua vida fosse uma cidade, qual monumento estaria no marco zero? Em torno do que estão suas amizades, seus relacionamentos familiares, sua vida profissional e acadêmica? Você se casou em torno do quê? Criou filhos em torno do quê? Escolheu uma faculdade em torno do quê? Permaneceu ou mudou de emprego em torno do quê? Nós estragamos as melhores coisas que

Deus nos dá quando representamos mal aquilo que Deus espera de nós em nossos exercícios de domínio.

Última pergunta: você encontra unidade em torno de qual obra? O povo em Babel encontrou unidade em torno do medo de se espalhar e no intuito de conseguir um nome para si. Pense nas pessoas que fazem parte do seu círculo e identifique os assuntos dos quais vocês não discordam, aquilo que é o óbvio para vocês. Se não é em torno de Jesus, você precisa ser sincero consigo mesmo a respeito de Cristo ser realmente o centro da sua verdadeira religião do coração. Talvez você tenha construído impérios de palha que serão consumidos pelo fogo, porque você não dedicou sua vida a nada eterno. O esforço da verdadeira religião é construir uma cidade de Deus para Deus, em lugar de uma cidade dos homens para os homens. Cristo pode nos dar uma nova cidadania, tirar-nos do reino dos homens e nos fazer cidadãos celestiais.

CAPÍTULO 5

FARAÓS, BEZERROS E REIS: O ÍDOLO É A REPRESENTAÇÃO DE DEUS

> THE ONLY HEAVEN I'LL BE SENT TO IS WHEN I'M ALONE WITH YOU.
>
> **Hozier, *Take Me To Church***

"Meu sonho, pastor, é ser dona de casa, ter muitos filhos e fazer ensino domiciliar". Ela falava com um sorriso largo, típico de quem se orgulha das virtudes morais. No curso de noivos, geralmente se encontram interesses opostos. Mulheres acabam por valorizar o trabalho acima da família, e precisam ser relembradas de como o casamento geralmente cobra mudanças nas nossas prioridades. Ela, no entanto, parecia andar no outro extremo. Eu precisei perguntar: "E se você nunca tiver filhos? Se seu marido, hoje um bom rapaz, tornar-se um cafajeste? Se as coisas apertarem demais e você precisar trabalhar fora? E se Deus não te der a família perfeita?". O sorriso foi embora: "Pastor, eu não sei como eu conseguiria servir a Deus".

O ídolo da família perfeita, retirado de um episódio de *Downton Abbey* ou *When Calls the Heart*, ganha cada vez mais espaço com o progresso de uma teologia mais conservadora nas igrejas, e prova que muitas vezes os ídolos são coisas boas que transformamos em deus. O presente do rei, que deveria ser uma forma de glorificar o bondoso monarca, é colocado no trono no lugar de quem antes reinava. A sensação é de que você perde a vida se perder aquilo que representa a bênção de Deus. Quando algo, ainda que justo e bom, torna-se uma representação indispensável de Deus, estamos pondo coisas em lugares aos quais elas não pertencem. O ídolo nem sempre é apenas um falso deus. Às vezes, o ídolo é aquilo que você usa para representar o Deus verdadeiro.

ENFRENTANDO O DEUS-HOMEM: ISRAEL NO EGITO

É consideravelmente conhecido o relato da libertação do povo judeu da escravidão no Egito que se encontra no livro de Êxodo. Sabe-se que, nos quarenta anos de peregrinação no deserto, é registrado que Jeová entregou por meio de Moisés duas tábuas com o decálogo, os Dez Mandamentos, ao povo recém-liberto. Deus faz questão de relacionar sua personalidade libertadora com algo íntimo em termos de adoração:

> Eu sou o Senhor, o teu Deus, que te tirou do Egito, da terra da escravidão. Não terás outros deuses além de mim. Não farás para ti nenhum ídolo, nenhuma imagem de qualquer coisa no céu, na terra, ou nas águas debaixo da terra. Não te prostrarás diante deles nem lhes prestarás culto, porque eu, o Senhor teu Deus, sou Deus zeloso. (Êxodo 20:2-5)

Uma das primeiras mensagens que Deus diz ao povo de Israel é que ele deveria reconhecer o Senhor Jeová como o único responsável pela libertação do povo da escravidão do Egito e adorá-lo em exclusividade por isso. Quando fala de idolatria, o texto a relaciona com o caráter libertador exclusivo do Deus vivo. A proibição a adorações idólatras vem na esteira da libertação que Jeová concede ao povo.[1] É em Êxodo 5 que

---

1 As principais passagens no Pentateuco que condenam ou alertam Israel acerca do perigo da idolatria são Êxodo 20:3-5; 22:19; 34:12-17; Levítico 17:7; Números 25:1-3; Deuteronômio 4:15-35; 5:6-10; 7:2-5,16, 25-26; 11:16,28; 12:2-3, 30-31; 13:1-15; 16:21-22; 17:2-3; 18:9-14; 20:17-18; 27:15; 28:36; 29:17-18,25; 30:17; 31:16-20,29; 32:16-21. É uma interpretação reformada comum que há uma proibição inata a qualquer representação da figura divina, seja de Jesus Cristo ou mesmo do Espírito Santo. Por mais popular que tenha se tornado essa visão, ela não respeita o sentido normativo do decálogo, uma vez que a proibição é especificamente de construir ídolos, descritos como imagens "de qualquer coisa no céu, na terra, ou nas águas debaixo da terra" que

encontramos um motivo razoável para essa relação, registrado nos conflitos entre Moisés e faraó:

> Assim diz o Senhor [יְהוָה], o Deus de Israel: "Deixe o meu povo ir para celebrar-me uma festa no deserto". O faraó respondeu: "Quem é o Senhor [יְהוָה], para que eu lhe obedeça e deixe Israel sair? Não conheço o Senhor [יְהוָה], e não deixarei Israel sair". (Êxodo 5:1-2)

A seriedade desse registro jaz em o faraó estar se opondo diretamente ao Deus Jeová [יְהוָה] de Israel em profunda zombaria e escárnio, colocando-se em superioridade a ele. Quando diz: "Quem é o Senhor, para que eu lhe obedeça e deixe Israel sair?", usando o nome pessoal de Deus, ele não está se declarando ateu, mas se declarando mais importante que a divindade rival. Ele o faz porque se cria também como divindade, interpretado como homem-deus a serviço da divindade nacional.[2]

O Egito Antigo era um ambiente profundamente monista, no qual toda a existência era vista como um único integrado, de modo que religião, política e sociologia não tinham divisões claras. O espiritual e o terrestre, assim como o humano e o divino, estavam intimamente relacionados, formando uma "totalidade coerente, no qual o divino interagia plenamente com o humano".[3] É nesse contexto que se dava a divinização do faraó. Apesar dos acalorados debates entre egiptologistas, é bem

---

receberiam prostração e culto, como um mandamento único. Se a proibição fosse dupla, ou seja, contra a construção de qualquer imagem de algo no céu, na terra ou nas águas debaixo da terra, qualquer manifestação artística seria pecaminosa, o que não é coerente com o mandamento divino sobre construção de imagens para fins estéticos ao longo de todo o Antigo Testamento. As proibições, como veremos mais adiante no caso do bezerro de Ouro, estão associadas especificamente à questão da adoração.

2 A submissão do rei egípcio ao ídolo nacional é muito bem exemplificada pela *Instrução Dirigida ao Rei Merikare*, um texto datado do Império Médio (2025-1700 a.C) no qual o rei egípcio possivelmente nomeado Kheti ensina seu filho e futuro rei Merikare a ser um bom rei, evitando o mal. No fragmento, lemos: "Deve-se reverenciar o deus em seu caminho / Feito de pedra cara, feito de bronze" (cf. *Translations of Papyrus Petersburg 1116A*: Instruction for Mery-ke-re. Disponível em: http://www.archaeologicalresource.com/Books_and_Articles/Literature/pPetersburg1116A_Merikare.html. Acesso em: 28 ago. 2018).

3 REINKE, A. D. *Os outros da Bíblia*: história, fé e cultura dos povos antigos e sua atuação no plano divino. Rio de Janeiro: Thomas Nelson Brasil, 2019. p. 92.

aceito que, no Egito Antigo, o faraó era considerado metade homem e metade deus; graças a esse pano de fundo divino é-lhe dado o direito de governar o país.[4] Como representação do poder divino, o faraó era a manifestação física do governo dos deuses: um intermediário entre os mundos físico e espiritual.[5] O egiptólogo e papirologista alemão Friedrich Preisigke (1856-1924) escreveu sobre o rei egípcio, dizendo que "ele é portador do fluido divino em sua maior potência [...]. O corpo visível e tangível do rei é apenas a cobertura para o deus ou a morada do deus. As palavras e os atos do rei são expressões do deus que nele habita".[6]

Várias citações antigas que remontam até o contexto mesopotâmico do Éden mostram o faraó como imagem das divindades.[7] A designação mais comum para o faraó egípcio parece ser a imagem de Re, o nome principal do deus-sol, divindade nacional do Egito,[8] mas ele poderia ser identificado também com Hórus, que representava a própria realeza, ser visto como filho de Rá, que governava a natureza, e, mais tardiamente, com Amon, a força suprema do cosmos.[9] Ele também foi comumente chamado de "imagem de Amon-Re" e "imagem de Atum", muitas vezes com o uso de expressões que o qualificavam como "imagem viva" ou "imagem santa" do deus, às vezes sendo nomeado como o próprio deus em questão. O faraó Ahmose I (1550-1525 a.C.) era descrito como "um príncipe como Re, filho de Qeb, seu herdeiro, à imagem de Re, a quem ele criou, o vingador (ou o representante), para quem ele se estabeleceu na terra".[10]

---

4 VEKOVIĆ, M. "Political Functions of the Serbian Orthodox Church in the United States (1945--1991)". In: DONABED, S. G.; QUEZADA-GRANT, A. (ed.). *Decentering discussions on religion and state*: emerging narratives, challenging perspectives. Londres: Lexington Books, 2015. p. 179.

5 WILKINSON, R. H. *The complete gods and goddesses of ancient Egypt*. New York: Thames & Hudson, 2003. p. 54-56.

6 PREISIGKE, F. *Vom göttliche Fluidum nach ägyptischer Anschauung*. "Papyrusinstitut Heidelberg". Berlin/Leipzig, 1920. p. 11.

7 Uma ampla coleção de citações egípcias pode ser encontrada em SCHMIDT, W. H. *Die Schöpfungsgeschichte der Priesterschrift*: zur Überlieferungsgeschichte von Genesis 1, 1-2, 4a und 2, 4b-3, 24 (Wissenschaftliche Monographien zum Alten und Neuen Testament, v. 17). Neukirchener Verlag, 1964. p. 137ss.

8 CLINES, D. J. A. "The image of God in man". *Tyndale Bulletin*, v. 19, n. 53. p. 53-103, 1968.

9 DAVID, R. *Religion and magic in ancient Egypt*. Penguin UK, 2002. p. 69, 95, 184.

10 CLINES, D. J. A. "The image of God in man". *Tyndale Bulletin*, v. 19, n. 53. p. 53-103, 1968.

A rainha Hatshepsut (1479-1457 a.C.) é descrita como "excelente imagem de Amon; a imagem de Amon na terra; a imagem de Amon-Re para a eternidade, seu monumento vivo na terra".[11] Amenhotep II (1427-1400 a.C.) é descrito como "imagem de Re", "imagem de Hórus", "imagem de Atum", "Imagem sagrada do senhor dos deuses", "imagem principal de Re", "imagem sagrada de Re", "imagem sagrada de Amon, imagem de Amon como Re", e assim por diante.[12] Merenptah (1213-1203 a.C.) é descrita como à "semelhança do Touro de Heliópolis".[13] As citações são incontáveis. Apesar disso tudo, apenas depois de morto era que o Faraó recebia status pleno de divindade, e passava a ser adorado pelo povo como um deus.[14]

A justificação divina do papel político não era exclusiva do mundo egípcio. A aceitação de uma origem divina de ordem política pode ser encontrada também em muitas outras religiões, épocas e lugares. Os reis antigos eram frequentemente descritos como vice-regentes das divindades, que, uma vez distantes, usavam os reis no cumprimento de seus deveres. O rei era uma espécie de estátua viva dos deuses, representando seu controle soberano na terra – assim como Adão e Eva eram imagem do Criador e representantes dele na criação. Entre os mesopotâmios e canaanitas, figuras reais eram consideradas filhos adotados pelos deuses patronos da nação ou da cidade, como intermediários entre a divindade e a nação.[15] O famoso épico de *Gilgamesh*, um dos textos mais antigos do mundo, descreve tal rei mesopotâmio como sendo um terço homem, dois terços divindade.[16] No xintoísmo, o imperador do Japão é considerado como tendo uma ligação especial com a deusa Amaterasu.[17] Os

---

11 CURTIS, E. M. *Man as the Image of God in Genesis in the Light of Ancient Near Eastern Parallels*. Ph.D. dissertation; University of Pennsylvania, 1984. p. 226.

12 Ibid., p. 227.

13 Ibid., p. 228.

14 ESELY, B.; ARNOLD, D. *Temples of ancient Egypt*. Cornell University Press, 1997. p. 2-4.

15 MATHEWS, K. *Genesis 1-11:26*. Nashville: Broadman & Holman, 1996. p. 169.

16 SIN-LÉQI-UNNÍNNI. *Ele que o abismo viu*: epopeia de Gilgamesh. Belo Horizonte: Autêntica Editora, 2019, p. 46.

17 VEKOVIĆ, M. "Political Functions of the Serbian Orthodox Church in the United States (1945--1991)". In: DONABED, S. G.; QUEZADA-GRANT, A. (ed.). *Decentering discussions on religion and state*: emerging narratives, challenging perspectives. Londres: Lexington Books, 2015. p. 179.

exemplos antigos são variados. Não espanta que tais relações tenham continuado presentes no mundo do Velho Testamento e influenciado o povo de Israel mais tardiamente.

O povo de Israel estava escravizado no contexto do Egito Antigo, em parte porque o faraó se cria como autoridade divina sobre os indivíduos. Quando Moisés chega apelando à outra divindade, o faraó não responde zombando da existência do Deus de Israel, como se estivesse no contexto do mundo materialista moderno, no qual a evocação a Deus recebe ateísmos variados como resposta. O faraó questiona o poder e a relevância da divindade judaica em contraste com a própria autoridade divina. Ele não queria libertar Israel porque recusava reconhecer a divindade de Israel.

Nesse contexto, quando Deus aparece ao povo de Israel, dizendo "Não terás outros deuses além de mim. Eu sou o Deus que tirou vocês do Egito", ele está declarando o seu poder acima da divindade política do Egito. Ele está dizendo que libertou Israel de uma terra na qual o faraó era deus, na qual a autoridade política cria-se superior ao Deus adorado pelos israelitas, diante de quem todo o povo deveria se submeter. Jeová os havia tirado de um ambiente de submissão a uma divindade política, e por isso eles não poderiam ter outro deus além dele. Uma vez que Jeová os tirou da submissão a outro deus, eles não deveriam voltar a qualquer tipo de idolatria. Considerando esse contexto, podemos interpretar tal mandamento do Decálogo como uma contraposição a um ambiente de idolatria política. De forma literal, o faraó era tido como um deus – não era uma metáfora, mas um fato para a psicologia social da época. Os judeus estavam subjugados a alguém que se dizia uma divindade. A libertação do Egito foi uma libertação de um deus-político.

A QUEM ELES ADORAVAM NA IDOLATRIA AO BEZERRO DE OURO?

Nesse contexto, o relato do bezerro de ouro é particularmente revelador acerca de quanto o povo de Israel estava afetado pelas adorações pagãs da Mesopotâmia e do Egito e de como a representação era um problema que afetava a todo o povo. Lemos em Êxodo 32:1-8:

> O povo viu que Moisés demorava para descer do monte. Então reuniu-se em volta de Arão e lhe disse: – Levante-se, faça para nós deuses que vão adiante de nós [...]. Arão [...] trabalhou o ouro com buril e fez dele um bezerro de metal fundido. Então disseram: – São estes, ó Israel, os seus deuses, que tiraram você da terra do Egito. Arão, vendo isso, edificou um altar diante do bezerro e fez a seguinte proclamação: – Amanhã haverá festa ao Senhor. No dia seguinte, madrugaram, ofereceram holocaustos e trouxeram ofertas pacíficas. [...] Então o Senhor disse a Moisés: – Vá, desça; porque o seu povo, o povo que você tirou do Egito, se corrompeu e depressa se desviou do caminho que eu lhe havia ordenado; fez para si um bezerro de metal fundido, o adorou e lhe ofereceu sacrifícios, dizendo: "São estes, ó Israel, os seus deuses, que tiraram você da terra do Egito."

O famoso incidente do bezerro de ouro tem por início a demora de Moisés em descer do monte onde se encontrava com Deus. John I. Durham comenta que a ausência do líder de Israel, "a única pessoa que foi seu representante para o Senhor desde o momento em que retornou a eles no Egito", estava sendo perturbadora. Algumas pessoas talvez assumissem que Moisés as abandonou, ou talvez que alguma tragédia tivesse caído sobre ele. Nesse contexto, o problema de Israel não parece ser com a liderança de Moisés, mas com a ausência delongada dela. O povo então pede por ídolos (literalmente, *deuses*) que tomem o lugar de Moisés, uma vez que, na ausência dele, o acesso ao Senhor é cortado.[18] O povo clama por *representação*.

Existe uma boa probabilidade de que bezerros fossem símbolos de divindades amplamente utilizados entre os vizinhos de Israel,[19] e é essa imagem que Arão usa para ir adiante de Israel, representando o próprio Senhor. Diante disso, podemos ter um bom grau de segurança de que o episódio do bezerro de ouro não parece representar um ato de adoração

18 DURHAM, J. I. *Exodus* (Word Biblical Commentary). Dallas, TX: Word Books, 1987.

19 Ibid.

à outra divindade, mas uma tentativa de representar pelas vias humanas a divindade a ser adorada, aos moldes das idolatrias do Antigo Oriente Próximo. Jeová estaria sendo representado pelo bezerro, que conteria sua majestade e glória e por meio do qual se manifestaria. Deuteronômio 4:10-19 explica que o Senhor não lhes apareceu no Monte Sinai em nenhuma forma física. Eles não viram qualquer imagem, e apenas ouviram a voz de Deus. "Isso ocorreu para que eles não ficassem tentados a fazer nenhuma imagem. Essa passagem afirma então que a produção de qualquer imagem, incluindo qualquer imagem representando Yahweh, é proibida".[20] O Senhor foi ofendido pela tentativa da criação de algo que o representasse diretamente, como é descrito em Salmos 106: "Fizeram um bezerro em Horebe e adoraram a imagem fundida. E converteram a sua glória na figura de um boi que come erva" (v. 19-20).

A leitura de Mircea Eliade em *O sagrado e o profano: a essência das religiões*, o clássico das ciências das religiões, parece estar de acordo com isso. Ele argumenta, analisando os mais variados tipos de expressões religiosas, que as idolatrias não consistem em venerações "da *pedra como pedra*, de um culto da *árvore como árvore*. A pedra sagrada, a árvore sagrada não são adoradas como pedra ou como árvore, mas [...] porque 'revelam' algo que já não é bem pedra, nem árvore, mas o *sagrado*".[21] Existem algumas evidências textuais nesse sentido.

Primeiro, o bezerro de ouro foi construído porque o povo pediu que Arão "fizesse" um deus para eles (v. 1), mostrando que aquele *'elohim* era algo que poderia ser feito – um ídolo, não uma divindade em si. Não é factível acreditar que o povo desejava a criação de uma nova divindade para que ela fosse adorada, mas sim que fosse criada a representação da divindade da qual Moisés tanto falava. Em segundo lugar, Arão criou apenas um bezerro de ouro. Não é provável que um bezerro seja chamado de "deuses" (no plural) se o objeto fosse entendido como deuses

---

20 MCKENZIE, T. J. *Idolatry in the Pentateuch*: An Innertextual Strategy. Eugene, Oregon: Pickwick Publications, 2010. p. 113.

21 ELIADE, M. *O sagrado e o profano*: a essência das religiões. São Paulo: Editora WMF Martins Fontes, 2018. p. 18.

reais. Assim, a referência a um único bezerro sugere que ele representava um deus, e não muitos deuses. Em terceiro lugar, o "deus" (*'elohim*) que Arão fez é sempre referido com o pronome singular "isso". Além disso, em quarto lugar, a celebração da confecção do bezerro de ouro é chamada de "um banquete para o Senhor" (v. 5).[22]

Em quinto lugar, em Êxodo 32 e Deuteronômio 9 o bezerro de ouro é destruído sem qualquer referência à destruição de uma divindade em toda a narrativa, o que sugere que o problema estava na imagem representadora, e não naquilo que era representado. Em sexto, podemos considerar que, na descrição do incidente em Deuteronômio 9, há uma conexão direta entre a produção do bezerro de ouro e o texto de Deuteronômio 4, em que Moisés explica ao povo que Deus não apareceu em qualquer forma para que imagens não fossem construídas. Essa associação entre as duas passagens mostra que a produção do bezerro de ouro foi uma audácia imoral diante da proibição de Deus ao povo de criar imagens que o representassem.[23]

A teologia de Êxodo 32 mostra que a idolatria também está relacionada à criação de figuras para representar o Deus verdadeiro em adoração. Diante do contexto da recém-saída do Egito, em que o faraó era essa imagem em representação de divindades, é espantoso que Israel projetasse em estátuas de ouro o mesmo que os egípcios projetavam no faraó. Porém, uma vez que essa influência idólatra estava tão presente no povo, não é de se espantar que logo voltassem para idolatrias políticas mais próximas do mundo egípcio e mesopotâmico – não ao tratar um político como um deus, mas ao usar um político para representar a clara manifestação do próprio Deus Jeová.

Aqui temos a idolatria se manifestando de forma muito intensa no povo de Israel. Nesse contexto, não é improvável interpretar a proibição de imagens do decálogo principalmente como uma proibição de

---

22 SAILHAMER, J. H. *The Pentateuch as narrative*: A biblical-theological commentary. Zondervan Academic, 2017. p. 311.

23 MCKENZIE, T. J. *Idolatry in the Pentateuch*: An Innertextual Strategy. Eugene, Oregon: Pickwick Publications, 2010. p. 113-114.

tentar adorar a Jeová por meio de imagens, e não apenas como uma proibição de adorar imagens como representações de falsos deuses. Considerando que "Não farás para ti imagem esculpida" é interpretado por "Não te curvarás diante delas, nem as cultuarás", o problema não envolvia tentativas de representação gráfica, mas de adoração por meio de representação gráfica. Entendemos, a partir daqui, que um ídolo nem sempre é um falso deus. O ídolo muitas vezes é aquilo que você usa para representar Deus. É aquilo que você adora imaginando estar adorando a Deus. Aqui temos que olhar muito bem para nossos corações a fim de entender o que a idolatria é nas nossas vidas de fato. O ídolo é aquele a quem a gente concede responsabilidade e gratidão por aquilo que Deus faz na nossa vida. O ídolo aqui é aquele que adoramos e ao qual concedemos honra pelas coisas que Deus dá. O ídolo é o que usamos para representar quem Deus é – de forma física (estátuas) ou interior (ídolos do coração).

Isso é explicado por G. K. Beale em sua teologia bíblica da idolatria, quando diz que Deus não se revelara a Israel em nenhuma forma, e que, por isso, toda tentativa de o representar como qualquer elemento da criação seria falsear o próprio Senhor, um tipo claro de idolatria (Deuteronômio 4:12-16, 23-25). Uma vez que o Senhor se revelou por meio de palavras, não de imagens, adorar figuras divinas era proibido. Além disso, essa ausência de adoração por meio de imagens tinha o objetivo de perpetuar uma clara distinção existente entre o Criador e a criatura, fora a distinção entre Deus e os deuses pagãos (Isaías 40:18-26), "cuja presença podia ser transferida para determinadas imagens em forma de criaturas, ao passo que a presença de Deus jamais se pode localizar nem captar desse modo".[24] Beale continua:

> Afirmar que um objeto criado não pode conter nem sequer uma fração da presença do verdadeiro Deus é fazer que Israel se lembre de que cada fragmento da criação pertence a Deus ("toda a

---

24 BEALE, G. K. *Você se torna aquilo que adora*: uma teologia bíblica da idolatria. São Paulo: Vida Nova, 2014. p. 18-19.

> terra é minha" [Êxodo 19:5]); ao contrário do que ocorre com as divindades das outras nações, cujo domínio se restringe tão somente à nação que as adora. "Deus é Espírito, e é necessário que os que o adoram o adorem no Espírito e em verdade" (João 4:24). Adorar a imagem de qualquer parte da criação é aviltar a glória incomparável de Deus: "Eu sou o Senhor, este é o meu nome; / Não darei a minha glória a outro, / nem o meu louvor às imagens esculpidas" (Isaías 42:8). Deus é "zeloso" (isto é, tem ciúmes, não tolera infidelidade) quando as pessoas dão glória a qualquer ente que não seja ele mesmo, porque no universo ele é verdadeiramente o único ser merecedor de glória (cf. Êxodo 20:5; Deuteronômio 4:24; 5:9; 32:16,21).[25]

Aqui temos que começar a olhar para as coisas com mais cuidado. É muito fácil identificar idolatrias observando coisas que competem com Deus. Por exemplo: "Eu deveria estar na igreja, mas não vou porque tenho uma prova. Eu sempre tenho prova e sempre estou faltando às coisas da igreja para estudar". Daniel renunciou às comidas do rei, comendo menos que os outros soldados, e ainda assim foi mais forte do que eles, porque Deus o abençoou, visto que ele não estava disposto a pecar pela sua vida "profissional". É idólatra sacrificar intimidade com Deus para fazer outra coisa, como ganhar dinheiro, ter progresso acadêmico ou o que for. É fácil identificar isso. É fácil olhar para ídolos que são muito comuns, como dinheiro, prazer e sucesso. São coisas que claramente competem com nossa fé. Quando identificamos competição, é fácil identificar uma idolatria.

No entanto, existe uma idolatria que se manifesta de forma muito mais íntima, profunda e até disfarçada. É a idolatria que tem ares de fé. É a idolatria que tem ares de santidade. É quando enxergamos Deus nas coisas a ponto de ofender o nome dele. Projetamos em coisas o que deveríamos dar apenas a Deus de forma íntima e total. Muitos ídolos surgem, e estas são as perguntas que deveríamos responder daqui em

---

25 Ibid.

diante: O que você usa para representar Deus? O que você usa para representar quem Deus é?

A primeira pergunta deste capítulo para identificar seu coração e ajudá-lo a identificar suas idolatrias é: *A quem você dá crédito?* A quem ou a que você dá crédito pelas coisas boas da sua vida? É claro que tudo na vida pode ter vários responsáveis. Muitas vezes precisamos dar crédito a figuras humanas entendendo que Deus, no fim das contas, é o responsável por isso. Mas, e quando você acredita que está dando crédito a Deus através de dar crédito a outras coisas? Será que você não idolatra a sua força de trabalho? Será que você não tem Deus como a sua capacidade profissional? Você é o cara que bate na mesa e diz: "Sou eu quem bota comida aqui nessa casa!", ou "Sou eu que sustento essa família!", ou ainda "Sou que faço acontecer isso!", e diz "Se não fosse eu, ninguém faria nada!"? Você entende que está louvando o nome de Deus, porque crente tem que trabalhar melhor que os mundanos. Porém, você acha que é o seu trabalho e o seu esforço que colocam comida na mesa. Você não consegue orar "o pão nosso de cada dia nos dai hoje", porque não é Deus que dá o pão, quem dá o pão é você. Uma vez que trabalhar é uma coisa justa e honesta, você acha que está louvando a Deus ao louvar sua força de trabalho. Você não tem o sentimento de que é Deus quem te usa. Você não ora para agradecer a Deus com sinceridade. Você não tem o sentimento de que é ele quem faz.

Sabia que é possível idolatrar a sua igreja? Isso acontece quando você acha que Deus só se manifesta lá. Quando você acha que lá é lugar da bênção e que não há outro. Se alguém está em outra igreja podendo estar na sua, está em pecado ou fora das faculdades mentais. Quando foi a última vez que você reconheceu que apenas o Senhor constrói uma boa igreja, e não você? Não é o poder da denominação, da tradição, da boa teologia; não é o poder do discurso, do pastor ou do ministério. É unicamente o poder de Deus construindo uma comunidade.

Você louva sua igreja, você a ama, você fala bem dela. Quem pode estar em pecado por falar bem da igreja? Porém, sua igreja pode ser seu bezerro de ouro. Você acha que está dando glória a Deus ao falar bem da igreja, porque igreja é uma coisa boa. Porém, quando a igreja se torna deus, quando a igreja é a principal representação de Deus, talvez seu coração possa estar errado. Sua igreja pode estar crescendo, mas será que está crescendo com base em idolatria? Será que você quer muito seus amigos congregando com você porque você acha que apenas lá Deus faz acontecer, e nunca em outro lugar, nunca em outra igreja, denominação ou em um lugar de teologia diferente?

Você pode estar idolatrando suas capacidades quando sente que é o responsável último pelas suas conquistas. Você pode ter um "Deus me ajudou" nos lábios, mas um sentimento de mérito no coração. Ou talvez você viva casado com seu ídolo, com seu coração entregue patologicamente a um relacionamento abusivo. Você pensa que ele ou ela é a única pessoa que você pode ter, e até com ares de espiritualidade: "Ele age assim, mas pelo menos me leva para a igreja". Muitas vezes, o que você tem não é adoração a Deus por causa de algo, mas é adoração a algo por causa de Deus. Você identifica isso quando o seu coração manifesta gratidão mais aos instrumentos que às origens da bênção.

Ninguém acorda de uma cirurgia do coração, levanta salvo da morte e abraça apertado o bisturi. Ninguém termina a quimioterapia e, livre do câncer, levanta e se agarra à bolsa de soro. Geralmente, agradecemos a quem fez a cirurgia, aos doutores envolvidos. Ficamos gratos ao médico porque ele foi o agente da cirurgia. O bisturi e a maca são instrumentos. Você não sai abraçado com a maca numa foto no Instagram com a legenda "Obrigado, maca, porque me sustentaste durante a operação. #gratidão". Você não louva os instrumentos mais do que louva o agente. O problema é que, muitas vezes, coisas religiosas, espirituais e moralmente boas são muito mais valorizadas do que o Deus que age em direção ao seu bem e ao seu cuidado. Pegamos coisas boas e as transformamos em deuses. Transformamos o trabalho em deus. Transformamos a família em deus. Transformamos a igreja em deus. Transformamos relacionamentos em deus. É muito fácil achar que está adorando a Deus através de louvar as próprias qualidades, os próprios méritos, ou a qualidade dos outros, ou as coisas boas que estão em volta.

Será que nosso coração realmente dá crédito a Deus por aquilo que ele faz? Será que nosso coração realmente se sente dependente de

Deus para que as coisas funcionem? Ou achamos que tudo é conquistado por nós mesmos? Ou achamos que tudo se resolve com mais de nós? Poucos de nós acreditamos que a nota do Enem pode melhorar com mais oração, ou que a vida profissional pode ser um pouco diferente através de mais comunhão com Deus. No entanto, a única alternativa é sermos escravos da ideia de que apenas nossas obras e méritos podem fazer diferença em nossos resultados. Dá para fazer alguma coisa sem ajuda de Deus? Claro que não estamos orando porque pensamos que quem jejuar mais vai tirar a melhor nota, mas porque entendemos que, não importa o quando me dedique, o quanto me esforce, o quanto perceba minhas capacidades humanas ou a capacidade humana dos outros, se Deus não for o agente nos usando como instrumento, nós simplesmente não fazemos nada. Você pode ter méritos, capacidades e ser a pessoa mais inteligente: no dia você fracassa, no que quer que seja.

Se você acredita que faz as coisas pelos seus méritos, que você conquista coisas pelas suas capacidades, tome muito cuidado. Você pode achar que está adorando a Deus, mas está usando um intermediário para isso – as próprias capacidades –, e Deus não divide sua glória com ninguém. Não foi metade você e metade Deus. Não foi "fiz minha parte e Deus a dele". Deus faz tudo. Foi Deus quem tirou você do Egito. Foi Deus quem resolveu. E Deus usou as capacidades que você tem para isso, mas foi ele que as deu. Deus usou seu esforço para isso, mas foi Deus que impulsionou. Deus não usa a sua preguiça. Deus não usa a sua indolência. Deus usa o seu esforço, mas foi Deus usando, e o mérito é dele.

Então, no fim das contas, as coisas que você faz que aparentemente dependem do seu esforço vieram da parte de Deus. "O pão nosso de cada dia nos dai hoje" é uma oração que humilha, porque você pode ser esforçado, ter um Ph.D., ter um concurso público, ser o melhor profissional da firma, mas, no fim das contas, o pão quem põe é Deus, não é você. No fim das contas, quem faz é o Senhor, não é você. Ainda que você tenha estudado tanto para esse trabalho, acordado todos os dias às quatro e meia para liberar o caminhão, deixado filho na escola, chegado ao trabalho antes de o Sol nascer, voltado tarde para casa e ainda lavado os pratos, Deus é o agente final de tudo, e ele merece o mérito.

No fim das contas, não importa se o povo teve que andar atravessando o rio, foi Deus quem abriu o caminho. Era mais ou menos 1,5 milhão de pessoas saindo do Egito para atravessar o Mar Vermelho, fugindo pelo deserto, com medo de passar frio e fome, mas com Deus sustentando. Não importa se essas pessoas tiveram que andar, quem abriu o mar foi o Senhor. Quem derrubou o faraó foi o Senhor. Quem as manteve alimentadas foi o Senhor. A comida literalmente caía do céu, porque Deus é quem nos dá o pão nosso. Se nós ainda acharmos que somos responsáveis e que as coisas funcionam pela nossa capacidade, estamos adorando outra coisa.

O que é que rouba a gratidão de Deus? A que você dá crédito? A que você atribui responsabilidade pelas coisas boas que acontecem na sua vida? Identifique essas coisas e se pergunte se elas não são seu bezerro de ouro. Pergunte-se se elas não são o meio pelo qual você quer adorar a Deus a ponto de não mais adorá-lo diretamente pelas coisas. Você pode ser o fariseu que olha para céu e diz: "Obrigado, Senhor, porque eu sou muito crente. Obrigado, Senhor, porque não sou igual a esses!". Você pode estar dizendo "obrigado" a Deus, mas não é a ele que você está agradecendo. No final das contas, o ídolo está no coração. O ídolo sou eu. O ídolo é o outro. O ídolo é um relacionamento. O ídolo é algo a que sou submisso e a que preciso dedicar minha alma de alguma forma. O ídolo é aquilo que você usa para representar Deus.

Quando Marcelo, citado no início do segundo capítulo, continuou cuidando de sua saúde psicológica na terapia, ele começou a entender melhor seus problemas internos. Ele era muito envolvido no serviço do ministério e, como missionário, entendia que precisava sempre dar o melhor para Deus. Ele não aceitava dar menos que o ótimo ao Senhor. Por isso, preparava seus sermões com dedicação, gastava tempo com os necessitados, estudava por horas e horas ininterruptas para garantir que seu trabalho para Deus seria excelente. Parece algo sensato de fazer, você pensa. Essa dedicação, no entanto, estava destruindo Marcelo. Ele achava que fazia isso para Deus, mas passou a perceber que fazia para si, como um modo de cumprir as expectativas que ele depositou na própria obra. Para Marcelo, o trabalho representava quem ele era, compondo sua identidade. Ele não podia *fazer* menos, porque isso representava *ser* menos. A qualidade de seus sermões e aulas dizia respeito ao seu valor como indivíduo, e o perfeccionismo abalou seu psicológico de modos que demoraram a ser curados. A dedicação parecia representar um esforço de serviço a Deus, mas representava um Marcelo que lutava contra a adoração a outro deus.

Marcelo não conseguia amar o serviço como amor a Deus, mas apenas como amor à imagem que o serviço lhe dava de si. Agostinho escreveu que pouco ama a Deus aquele que ama quaisquer coisas sem as amar por causa de Deus. Amamos o que Deus dá, mas amamos porque Deus ama. Você se levanta para trabalhar de manhã, e gosta do que faz. Vai para a faculdade à noite, e tem prazer nos estudos. Malha, come, dorme, brinca. Ama várias coisas da terra. O adágio agostiniano refere-se ao fato de que você pode amar tudo isso e amar a Deus de forma plena, porque as coisas da terra existem para nosso prazer e deleite. O problema não é gostar de viver. O problema é amar sem amar por causa daquele que é o supremo amor. Idolatria é amar algo por si só. Eu trabalho para ganhar dinheiro, mas não principalmente por isso. Eu estudo para ficar inteligente, mas não é o maior objetivo. Eu como churrasco porque é gostoso, mas o churrasco gostoso é só um instrumento de algo melhor. Idolatria consiste em amar as coisas sem amar o Deus das coisas.

A segunda pergunta deste capítulo é: *Qual sua imagem do Deus invisível?* Qual é o item da criação que você usa para representar o Senhor? Onde é que você vê Deus? "Vejo Deus quando venho para a igreja. Venho para a igreja e sinto o Senhor". E se você for à outra igreja, sentirá Deus também? "Não, pastor. Sinto menos." Por quê? Não é o mesmo Deus? Quando você tem que visitar a igreja da sua mãe, na festinha de Dia das Mães, você também sente Deus? Você vai à igreja do outro, e as pessoas louvam ao mesmo Deus, pregam a mesma Palavra, têm o mesmo louvor, mas não é a mesma coisa. Por quê? É porque só dá para adorar na sua denominação? Quando outros pregam com a mesma fidelidade, não é a mesma coisa? Não é a Palavra de Deus sendo ensinada? Aquilo que deveria apontar você para Deus aponta para si mesmo e você tem um quadro cuja moldura parece muito mais atrativa do que o quadro em si.

Algo que deveria te apontar para o Senhor vira o ídolo por si só. Você tem uma igreja com um louvor fascinante, mas, em vez de o louvor te apontar na direção de adorar a Deus, ele te aponta para a adoração ao louvor. Se muda o estilo de louvor, aí já era. Acabou o culto, acabou a igreja. Se muda o estilo de culto, o estilo de pregação, se muda o estilo das coisas, não dá mais, porque aquele estilo representa Deus para mim. Aquela denominação representa Deus para mim, outra de forma nenhuma! Quais são as coisas das quais você depende para ver Deus? Identifique essas coisas, olhe para seu coração e veja se elas não se tornaram substitutas do próprio Deus.

DESEJANDO O DEUS-HOMEM: AS RAÍZES IDÓLATRAS DO REINADO DE SAUL

Isso se manifesta de modo político no relato da formação da monarquia israelita, cuja origem é profundamente idólatra e remete a um desejo pecaminoso por um líder à semelhança do faraó – um tipo de bezerro de ouro particularmente poderoso. O capítulo 7 de 1Samuel marca um momento novo na história do povo de Israel, a saber, o período de retorno da Arca da Aliança, que permaneceu sete meses em território filisteu. Mesmo com o retorno da Arca, lemos que o povo estava cometendo idolatria com imagens que representavam divindades de outros povos: "E Samuel disse a toda a nação de Israel: 'Se vocês querem voltar-se para o Senhor de todo o coração, livrem-se então dos deuses estrangeiros e dos postes sagrados, consagrem-se ao Senhor e prestem culto somente a ele, e ele os libertará das mãos dos filisteus'. Assim, os israelitas se livraram dos baalins e dos postes sagrados, e começaram a prestar culto somente ao Senhor" (1Samuel 7:3,4). Eles reconheceram o "pecado contra o Senhor" (1Samuel 7:6). Nesse período, Samuel governava Israel como profeta e juiz, decidindo as questões do povo (1Samuel 7:15-16). Ele o fazia em representação profética da vontade do Senhor, e lhe dava honras por isso: "ali ele liderava Israel como juiz e naquele lugar construiu um altar em honra do Senhor" (1Samuel 7:17). Era um governo profético, no qual Deus falava diretamente por meio de seus mensageiros para o estabelecimento de sua vontade. Esse governo pareceu funcionar bem, até que Samuel envelhece e seus filhos tomam o lugar de líderes de Israel. Esses novos governantes não andaram nos caminhos do Senhor e "se tornaram gananciosos, aceitaram suborno e perverteram a justiça" (1Samuel 8:1-3). Os filhos de Samuel, geograficamente distantes do pai, cometem pecados que são repetidamente condenados na lei (Êxodo 23:6,8; Deuteronômio 16:18-19; 24:17; 27:19).

Qual solução o povo cobrou de Samuel para esse problema? Nem de longe foi algo que proviesse da mão de Deus, mas sim um retorno aos antigos pecados que assolavam o povo: "Tu já estás idoso, e teus filhos não andam em teus caminhos; escolhe agora um rei para que nos lidere, à semelhança das outras nações" (v. 5). O problema não era a existência de um rei. Ronald F. Youngblood chama atenção para o fato de que a monarquia era prevista na teologia do Antigo Testamento desde os dias de Abraão (Gênesis 17:6,16). A bênção de Jacó sugere o estabelecimento de uma dinastia contínua (Gênesis 49:10). Israel deveria ser "um reino" (Êxodo 19:6). O quarto oráculo de Balaão se refere ao governo monárquico (Números 24:17-19), e Moisés descreve as expectativas divinas às quais os reis de Israel deveriam atender (Deuteronômio 17:14-20).[26] O problema é particularmente explicitado pela cláusula "à semelhança das outras nações [*gôyîm*, no sentido de *gentios*]". O pedido por um rei não era o clamor por juízes melhores, mas pelo fim de um sistema de governo profético, no qual o Senhor falava diretamente no estabelecimento da justiça, para a exaltação de uma divindade nacional que representasse a nação diante dos outros povos, à semelhança destes. Era a busca por um ídolo nacional, um representante dos deuses nos moldes dos ídolos civis pagãos. Como comenta David Toshio Tsumura:

> Portanto, não se tratava apenas de um pedido de transformação sociopolítica; foi uma ofensa religiosa séria contra o Deus soberano de Israel. Desde que Yahweh, o criador, era o rei desde o início,

---

26 YOUNGBLOOD, R. F. *1 & 2 Samuel* (The expositor's Bible commentary). Grand Rapids, MI: Zondervan, 2009.

> o pedido de um rei humano era a rejeição de Deus que havia "governado sobre eles como um rei" (v. 7), a saber, a rejeição da teocracia. Essa foi uma decisão extremamente crucial tomada pelo povo de Deus, e seria perigoso para eles se tornarem como outras nações onde um sistema religioso completamente diferente dominava a monarquia.[27]

Era um pedido idólatra, como foi julgado pelo próprio Deus: "Atenda a tudo o que o povo está lhe pedindo; não foi a você que rejeitaram; foi a mim que rejeitaram como rei. Assim como fizeram comigo desde o dia em que os tirei do Egito, até hoje, abandonando-me e prestando culto a outros deuses, também estão fazendo com você" (v. 6-8). O pedido por um rei humano, à semelhança do rei divinizado de outros povos, desagradou ao Senhor, porque não era a rejeição de um modelo político, mas a rejeição ao próprio Deus, como um retorno às idolatrias do período da libertação do Egito. Se "deuses" for interpretado como "ídolos", o texto pode estar fazendo referência direta ao episódio do bezerro de ouro. Pedir um rei como dos outros povos era uma idolatria como a sujeição a uma estátua que representasse o divino. Era rejeitar o próprio Deus. Isso se torna ainda mais claro quando lembramos que Samuel foi o último juiz do povo de Israel. O livro dos Juízes deixa claro que, ao fim da vida de cada novo juiz, o povo se voltava a idolatrias piores que as anteriores: "Mas, quando o juiz morria, o povo voltava a caminhos ainda piores do que os caminhos dos seus antepassados, seguindo outros deuses, prestando-lhes culto e adorando-os. Recusavam-se a abandonar suas práticas e seu caminho obstinado" (Juízes 2:19). Se Samuel foi o último, não é exagerado imaginar que a idolatria do povo se manifestou em seu auge após sua morte.

A resposta divina a essa idolatria não foi negar ao povo um rei, mas mostrar o preço que eles pagariam por dar a uma figura humana – tão humana quanto qualquer um do povo – um papel de

---

27 TSUMURA, D. T. *The First Book of Samuel* (The New Internacional Commentary on the Old Testament). Wm. B. Eerdmans Publishing, 2006. p. 223-244.

representação tão poderoso. Há uma clara ironia quando requisições tão duras são descritas como "caminhos" ou "justiça" do rei (v. 9), uma vez que *mišpāṭ* (מִשְׁפָּט) tem ambos os significados:

> "Agora atenda-os; mas advirta-os solenemente e diga-lhes que direitos reivindicará o rei que os governará". Samuel transmitiu todas as palavras do Senhor ao povo, que estava lhe pedindo um rei, dizendo: "Isto é o que o rei que reinará sobre vocês reivindicará como seu direito: ele tomará os filhos de vocês para servi-lo em seus carros de guerra e em sua cavalaria, e para correr à frente dos seus carros de guerra. Colocará alguns como comandantes de mil e outros como comandantes de cinquenta. Ele os fará arar as terras dele, fazer a colheita, e fabricar armas de guerra e equipamentos para os seus carros de guerra. Tomará as filhas de vocês para serem perfumistas, cozinheiras e padeiras. Tomará de vocês o melhor das plantações, das vinhas e dos olivais, e o dará aos criados dele. Tomará um décimo dos cereais e da colheita das uvas e o dará a seus oficiais e a seus criados. Também tomará de vocês para seu uso particular os servos e as servas, o melhor do gado e dos jumentos. E tomará de vocês um décimo dos rebanhos, e vocês mesmos se tornarão escravos dele. Naquele dia, vocês clamarão por causa do rei que vocês mesmos escolheram, e o Senhor não os ouvirá". (v. 9-18)

Aquilo que o povo estava requisitando não parecia muito vantajoso. Se antes o povo tinha suas próprias guerras, agora seria direito desse rei tomar os filhos do povo para servir no exército dele e lutar de acordo com os seus desmandos, e correndo na frente do rei, morrendo para protegê-lo. Ele colocaria alguns homens para governar a outros de acordo com sua vontade. Em vez de arar os próprios campos, o rei faria com que o povo arasse as terras dele. As colheitas seriam dele. Todos estariam dedicados a construir armamento militar não para si, mas para ele. As filhas do povo seriam tomadas como perfumistas, cozinheiras e padeiras dele. O melhor das plantações, das vinhas e dos olivais seria tomado e entregue aos que ele tomasse como criados. Dez por cento dos cereais e da colheita das uvas também seriam dados aos que o servissem diretamente no palácio e nas guerras. Além disso, ele tomaria dentre o povo, para uso particular, servos e servas, além do melhor dos animais de produção. Dez por cento de todo rebanho seria dele.

No fim das contas, o povo inteiro estaria se submetendo a um regime escravocrata, à semelhança do que aconteceu no tempo do Egito: "vocês mesmos se tornarão escravos dele". A raiz de "escravos" (*la'ăḇāḏîm*, לַעֲבָדִים) está associada à vassalagem (Josué 9:8,11; 1Samuel 4:9; 11:1; 17:9; 2Samuel 10:19; 2Reis 16:7; 17:3; 24:1), demonstrando que esse relacionamento *civil* seria um relacionamento *servil*. Deus deixa claro que eles se arrependeriam disso, que clamariam a Deus por causa do rei que eles mesmos escolheram, mas o Senhor não os ouviria. Pastores muitas vezes se entristecem com conselhos desprezados, mas duvido que qualquer experiência ministerial chegue perto do que acontece nesse relato. O alerta de Deus é aterrador, mas o povo não volta atrás em sua decisão:

> Todavia, o povo recusou-se a ouvir Samuel, e disseram: "Não! Queremos ter um rei. Seremos como todas as outras nações; um rei nos governará, e sairá à nossa frente para combater em nossas batalhas". Depois de ter ouvido tudo o que o povo disse, Samuel o repetiu perante o Senhor. E o Senhor respondeu: "Atenda-os e dê-lhes um rei". (v. 19-22)

O rei não deveria ter autoridade absoluta (2Reis 5:7), mas era a isso que o povo estava se submetendo ao aceitar um rei como os das outras nações, geralmente confundidos com suas divindades (Isaías 14:4, 13-14; Esdras 28:2,6,9).[28] O que leva uma comunidade a se submeter a algo tão claramente abusivo e com promessa de fracasso e arrependimento? A única resposta está no campo do pecado, da comparação com outros povos, com o interesse de ter para si o mesmo ídolo dos outros reinos.

---

28 YOUNGBLOOD, R. F. *1 & 2 Samuel* (The expositor's Bible commentary). Grand Rapids, MI: Zondervan, 2009.

Uma força militar pungente era mais desejável que um profeta do Deus vivo. Esse é um ponto alto no progresso histórico do povo de Israel no Antigo Testamento, e nos mostra como eles fracassaram na luta contra a idolatria interna e externa. Ainda que a Aliança com Jeová tenha sido partida por vários motivos, as idolatrias sempre foram centrais, e as falsas religiões civis certamente tiveram parte nisso.

ENTREGANDO TUDO AO ÍDOLO: EXEMPLOS DE DIVERSAS MÍDIAS

A história de Israel nos mostra como o ídolo nos cobra tudo. Por ser a representação de Deus, nós submetemos tudo ao que adoramos. O ídolo nunca aceita apenas alguma entrega. Não podemos servir a dois senhores – ou você segue a Deus, ou ao ídolo –, e em algum momento o ídolo cobrará tudo. Ele vai tirar tudo que você tem. Ele vai fazer com que qualquer sacrifício nunca pareça o bastante. O que você está disposto a sacrificar para realizar os seus sonhos?

Um exemplo disso no mundo da fantasia está no aclamado *Fullmetal Alchemist*, mangá escrito e ilustrado pela quadrinista Hiromu Arakawa entre agosto de 2001 e junho de 2010, recebendo duas adaptações como anime, primeiro em 2003 e depois em 2009. Como diz o título, *Fullmetal Alchemist* fala sobre alquimia, que no mangá é uma arte científica com auras um tanto mágicas de transformar um elemento em outro através do princípio da troca equivalente: você dá algo em troca de outra coisa. A história narra a busca dos irmãos Edward e Alphonse Elric pela pedra filosofal. Essa lendária pedra permitiria a alquimia sem a troca equivalente, porque forneceria o que é necessário para qualquer troca. Com ela, alquimistas poderiam transformar um metal inferior em ouro, conseguir o elixir da longa vida e viver pra sempre ou, então, criar vidas humanas.

Edward e Alphonse são crianças criadas apenas pela mãe, que adoece e morre. Aprendendo alquimia na biblioteca do desaparecido pai, eles tentam trazer a mãe de volta por meio dessa prática. Obviamente não conseguem, criando apenas um ser monstruoso. Na mitologia da obra, quem faz uma alquimia proibida encontra uma entidade divina para ser "punido" em uma troca equivalente. Então, eles são levados ao portão da verdade. Para pagar pela alquimia proibida, Edward perde a perna esquerda e Alphonse perde todo o corpo. Edward, então, consegue pelo menos selar a alma do irmão em uma armadura, perdendo o braço direito pra isso. É a troca equivalente.

A história do que essas duas crianças fizeram chega ao exército, e elas são chamadas pra ser alquimistas federais. Elas aceitam, porque seria uma forma de encontrar a dita pedra filosofal, que seria util para conseguir o braço e a perna de Edward, além do corpo de Alphonse novamente. É nesse contexto que chegamos a um ponto chocante da trama, logo no seu início. O quinto capítulo do mangá, que vem em seu segundo volume, chama-se "A aflição de um alquimista" (adaptado pela primeira vez como "O lamento da quimera", no sétimo episódio do anime clássico, e com o mesmo título do mangá no quarto episódio na segunda versão).

Nessa jornada por recuperar os próprios corpos, eles vão conhecer um alquimista que cria quimeras – criaturas novas que surgem da troca equivalente de dois animais. Shou Tucker recebeu seu título de alquimista federal porque há dois anos havia criado uma quimera que podia aprender a falar. Infelizmente, tudo o que a quimera dizia era "eu quero morrer". Então ela se recusou a comer e morreu. Chegando à casa de Tucker, os irmãos Elric encontram um homem triste, vivendo com sua filha, Nina, e o cachorro da família. A sua esposa o havia deixado há algum tempo, antes de ele se tornar alquimista federal, e a pesquisa com as quimeras não estava avançando bem.

Além disso, o dia da avaliação de Tuker está chegando. Alquimistas federais precisam mostrar o resultado das suas pesquisas uma vez por ano, e ele não foi bem no ano passado. Se não fosse bem neste ano, perderia o cargo de alquimista federal, assim como os salários enormes oriundos disso. Eles eram muito pobres, e a vida antes do certificado federal era horrível – tanto que a esposa não aguentou aquela vida e foi embora, conta Tuker. Ele está desesperado; não quer voltar a viver daquele jeito nunca mais, e precisa passar na avaliação, custe o que custar.

Os irmãos ficam na casa de Shou Tucker para consultar sua biblioteca para algumas pesquisas, mas se distraem brincando com a criança e o cachorro. Eles se afeiçoam bastante (o que de longe é melhor desenvolvido na primeira adaptação). Nina chega a chamar Edward de *oni-chan*, um termo para "irmão mais velho" em japonês. Por isso, voltam por alguns dias para continuar pesquisando e brincando com Nina. Em um dos dias de pesquisa, encontram Tuker com um novo experimento. Ele finalmente conseguiu fazer outra quimera falante.

Daí surge uma das cenas mais tristes de todas as animações japonesas – se você não era um adolescente nos anos 2000 assistindo a *Fullmetal*, perdeu uma experiência de vida. Tuker sacrificou a filha e o cachorro da família para montar aquela nova quimera. Edward percebe isso quando a criatura o chama de *oni-chan*. Ele se dá conta então de que Tucker surgiu com a primeira quimera falante exatamente na época em que sua esposa teria supostamente voltado à casa dos pais. Ele fez tudo isso para continuar sendo um alquimista federal e ter financiamento para suas pesquisas.

O que você está disposto a sacrificar para realizar os seus sonhos? Isso é o mais assustador na idolatria. Shou Tucker amava profundamente sua filha, e aparentemente amava sua esposa. Ele fez o que fez com ela porque amava ainda mais ser um alquimista. A história de *Fullmetal* ilustra bem o processo de idolatria do povo de Israel ao sacrificar tudo o que era mais importante em nome daquilo que eles divinizavam. O ídolo faz com que qualquer sacrifício seja pequeno em nome da subserviência absoluta.

A história de *Fullmetal* não só ilustra bem o processo de idolatria do povo de Israel, mas também as idolatrias modernas em suas formas mais aterradoras. Não é preciso ir longe. Em seu discurso no Globo de Ouro de 2020, a premiada atriz norte-americana Michelle Williams atribuiu seu sucesso profissional a um aborto, já que um bebê não a teria permitido seguir sua carreira como gostaria. Em nome do seu ídolo de sucesso, uma mulher sacrificou seu próprio bebê – como nos rituais a Baal e Moloque, que cobravam sacrifícios de crianças para dar prosperidade às famílias.

O ídolo faz com que todo o resto pareça bobagem. Não importam os alertas. Não importa a Palavra de Deus. Não importam os bons conselhos. Não importa tudo o que está caindo em volta. Nenhum sacrifício é alto demais para que você alcance o que adora. Muitos pastores já tiveram a experiência de sentar com alguém disposto a abandonar seu casamento. Em certa altura da conversa, o pastor lembra de tudo o que ele vai perder: a mulher da juventude, os filhos, o ministério, a reputação, as amizades, pelo menos metade de seus bens etc. A resposta, muitas vezes, mostra o sacrifício que muitos estão dispostos a fazer para seguir com a colega de trabalho ou com o professor do cursinho: "Não importa, eu pago esse preço". O ídolo cobra tudo, e nunca parece demais.

Ainda em *Fullmetal*, após ser confrontado pelos irmãos Elrich, Shou Tuker acusa os garotos de fazerem o mesmo. Eles tentaram trazer a mãe de volta. Brincaram com vidas humanas. Como eles seriam diferentes? Essa declaração é muito profunda, e serve para antecipar um dos elementos-chave da trama. Mais à frente, os garotos descobrem que, para criar uma pedra filosofal, precisariam sacrificar uma quantidade imensa de almas humanas. Elas seriam a troca equivalente. Eles, então, recusam-se a isso. Não estão dispostos a causar sofrimento a outros a fim de recuperar o que tanto desejavam. Eles não eram como Shou Tuker. O sacrifício era caro demais, e eles não estavam dispostos a isso.

Mas e quando não estamos dispostos a reconhecer nossas idolatrias e sacrificamos tudo o que nos rodeia em nome do sonho? É o que acontece com Samir Wassan, personagem do episódio "The Comedian" da nova temporada de *The Twilight Zone* (2019). Lutando para permanecer como humorista de *stand-up*, Samir recebe o poder de, ao sacrificar o alvo da piada, fazer seu público rir. Todo aquele que é citado em seu show simplesmente desaparece, como se nunca tivesse existido. Ele começa a sacrificar desafetos e inimigos, mas, quando estes acabam, resta-lhe fazer piadas com quem ele ama, até se ver completamente sozinho. Ao fim, Samir faz piada consigo mesmo, e simplesmente desaparece. No fim das contas, quando não há mais nada para entregar, o ídolo nos engole por completo.

Reconhecer as idolatrias é doloroso. É assumir que vivemos de forma errada e que construímos castelos de palha. Para a mãe que realizou um aborto, passar a acreditar que o feto não era apenas um amontoado de células é passar a se perceber como uma assassina. Quem está disposto a enfrentar essa mudança de percepção? Quando você dedica sua vida ao ídolo, é doloroso voltar atrás. Quanto mais você sacrifica pelo ídolo, mais apegado você fica a ele, e menos está disposto a abandoná-lo. Os irmãos deram tudo em busca de ter seus corpos de volta, mas perceberam que essa era uma ansiedade que destruiria mais que restauraria. Imagine o coração dos profetas de Baal, que se cortaram em adoração a um falso deus, ou um adorador de Astarote, que entregou o próprio filho em sacrifício, ao perceberem que fizeram tudo por uma divindade inexistente?

Em "Men Against Fire", quinto episódio da terceira temporada de *Black Mirror*, somos apresentados a uma realidade alternativa na qual soldados têm implantes cerebrais que aprimoram seus sentidos. Esses soldados estão constantemente em missão, matando seres mutantes, que eles chamam de "baratas". Famílias e grupos inteiros de baratas são exterminados diariamente, até que uma falha no implante de um dos soldados o faz perceber que ele enxergava uma realidade que o implante criou. Na verdade, ele matava famílias inteiras de seres humanos, tão humanos quanto ele, como parte de um programa de eugenia. Diante das memórias terríveis de ter matado pessoas comuns, o soldado aceita a proposta de ter seu impante reiniciado e as memórias reais apagadas. Ele preferia lembrar que matou apenas baratas. Ao fim do episódio, ele está sozinho em uma casa destruída, mas o implante o faz se ver acompanhado de uma bela mulher em um lar aconchegante.

Quantos de nós preferimos as mentiras que a idolatria nos faz ver a começar a enxergar a realidade que nossas más escolhas geraram? É mais fácil ignorar as próprias motivações e fingir que está tudo bem. A mulher que matou o próprio bebê no ventre será tentada a continuar achando que havia apenas um amontoado de células sendo expelido. O empresário que perdeu a família por causa do trabalho pensará que o casamento é uma instituição falida. Abandonar essas ideias atenuadoras do peso da idolatria é doloroso como uma conversão religiosa, justamente por não ser nada diferente disso. Assim, abraçamos mais da idolatria para tentar escapar de perceber o mal que ela nos causou. No décimo segundo capítulo de *O Pequeno Príncipe*, Antoine de

Saint-Exupéry nos descreve o encontro com um bêbado que ilustra bem o relacionamento compulsivo com objetos de idolatria:

> – Que fazes aí? perguntou ao bêbado, silenciosamente instalado diante de uma coleção de garrafas vazias e uma coleção de garrafas cheias.
>
> – Eu bebo, respondeu o bêbado, com ar lúgubre.
>
> – Por que é que bebes? perguntou-lhe o principezinho.
>
> – Para esquecer, respondeu o beberrão.
>
> – Esquecer o quê? indagou o principezinho, que já começava a sentir pena.
>
> – Esquecer que eu tenho vergonha, confessou o bêbado, baixando a cabeça.
>
> – Vergonha de quê? investigou o principezinho, que desejava socorrê-lo.
>
> – Vergonha de beber! concluiu o beberrão, encerrando-se definitivamente no seu silêncio.
>
> E o principezinho foi-se embora, perplexo.
>
> As pessoas grandes são decididamente muito bizarras, dizia de si para si, durante a viagem.[29]

Como um bom idólatra, o bêbado usa do ídolo para se curar da idolatria. Envergonhado pela bebedeira, o bêbado bebe mais. Tomamos cada vez mais do vírus em busca de alguma cura. O libidinoso, carente de amor, entrega-se a mais sexo descompromissado, no esforço de suprir aquilo que o sexo descompromissado lhe tirou. Projetando o próprio valor no trabalho, o *workaholic* trabalha mais no esforço de conseguir descansar um dia. O ídolo pede tudo o que somos, toma tudo o que temos, e acabamos acreditando que apenas com mais do ídolo poderemos escapar da idolatria.

---

29 SAINT-EXUPÉRY, A. de. *O Pequeno Príncipe*. São Paulo: Geração Editorial, 2015. p. 61.

A idolatria é uma paixão. Aaron Beck, pai da psicologia cognitivo-comportamental, tem um livro chamado *Love is never enough*, no qual escreve que a paixão é o sentimento humano mais próximo da esquizofrenia. Em tese, uma pessoa apaixonada está maluca. A idolatria é um amor louco. No livro de Cantares nós vemos isso. Salomão compõe um refrão, que aparece nos lábios da sulamita ("Filhas de Jerusalém, jurem pelas gazelas e pelas corças selvagens que vocês não acordarão nem despertarão o amor, até que este o queira") para falar de uma paixão sexual especificamente. Isso é repetido várias vezes no livro. E há uma hora em que ela, a amada, diz outra coisa: "Filhas de Jerusalém, jurem: se encontrarem o meu amado, digam que estou morrendo de amor" (Cânticos 5:8). A paixão a deixou adoecida, fora das faculdades normais do seu corpo. Você está apaixonado pelo ídolo, e você está doente de amor.

Por causa desse amor íntimo e lacerante, o ídolo se torna o lugar em que depositamos satisfação e desejo. É o que se busca em primeiro lugar. É no ídolo que se deposita a razão. Identificamos esse ídolo quando percebemos que estamos dispostos a sacrificar qualquer coisa por ele – até a nós mesmos. É a experiência de Alexei Ivánovitch, personagem da obra *O Jogador* de Dostoiévski:

> Não apenas se afastou da vida, de seus próprios interesses, dos interesses da sociedade, de seus deveres de homem e de cidadão, de vossos próprios amigos (pois tem amigos), não apenas se afastou de todo objetivo que não seja ganhar, mas se afastou até mesmo de suas lembranças.[30]

Ao entregar a vida no altar do trabalho, do ministério, do prazer ou da fama, a tentação persiste em ignorar que não é desses templos pagãos que vêm a glória e a identidade. Perdemos tudo o que somos no altar da idolatria. Somos como Walter White, personagem de *Breaking Bad*, que se afunda no mundo do crime em nome de prover sua família, apenas para reconhecer tardiamente, no último episódio do seriado criado

---

30 DOSTOIÉVSKY, F. *O jogador*. Oeiras: Abril/Controljornal, 2000.

por Vince Gilligan, que fez tudo o que fez por si mesmo. Ele gostava, e se sentia vivo. No fim, diante da morte, o homem não pode negar suas motivações mais profundas. Apesar de todas as reviravoltas, esse sempre foi para mim o grande *plot twist* de Breaking Bad: o trabalho alternativo de Walter com metanfetaminas era apenas um ambiente para que suas idolatrias mais profundas se expressassem. Ele não se arriscava pela sua família. Ele se arriscava pelo seu deus.

Sabe quando é que seu trabalho é um ídolo? Quando seu casamento já está em ruínas e você não consegue trabalhar menos. Sabe quando seu estudo é ídolo? Quando sua saúde está indo para o saco e você não consegue parar um pouco para cuidar do corpo. Sabe quando seu crescimento profissional e acadêmico é um ídolo? É quando sua vida de fé está minguando, mas nunca é sacrifício o bastante se isso ajudar no seu crescimento como profissional e acadêmico. Sabe quando sua família é um ídolo? É quando você absolutamente abandonou tudo aquilo que faz bem para sua sanidade espiritual, tudo aquilo que é útil para seu crescimento na fé, quando você não se relaciona mais com aquilo que é da igreja, aquilo que é justo, bom e honesto. Então, você pega algo que deveria florescer para fora e você vive isso para dentro. Você e sua família não têm relacionamentos, não têm amizades, não têm pastoreio; vocês não têm nada, porque só vocês contra o mundo é o bastante. Os seus bens são um ídolo quando você sacrifica o que for necessário para mantê-los. Seu namoro é um ídolo quando não importam os conselhos que você recebe, você está disposta a sacrificar a vida de igreja, o relacionamento com seus pais; você sacrifica sua própria fé para permanecer naquele relacionamento. Uma amizade é um ídolo quando você simplesmente não se consegue ver fora dela e está disposto a sacrificar qualquer coisa para permanecer naquela amizade. A que você está entregando tudo? Quais são as coisas que fazem parecer que o sacrifício soe como bobagem?

Nossa terceira e última pergunta neste capítulo é muito simples, e é nela que podemos basear nossas batalhas mais íntimas em busca dos nossos ídolos do coração: *Quem te cobra tudo?* A quem você está dando tudo? Por qual emprego você está destruindo sua saúde? Por qual relacionamento você está destruindo sua paz interior? Por causa de quais compromissos você tem sacrificado a sua santidade? O que é que tem te cobrado tudo? O que faz você acreditar que seu sacrifício não é o bastante?

O povo queria um rei e estava disposto a qualquer coisa por ele. Pelo que você está disposto a qualquer coisa? Se a resposta não for "pelo Senhor", há algo errado em seu coração. A que você está sacrificando tudo? A que você está entregando tudo? Pelo que você nem se importa às vezes de abrir mão do que for necessário? Se a resposta não for "Cristo Jesus", se a resposta não for "ao Deus vivo", é provável que você tenha levantado no seu coração uma falsa divindade, um bezerro de ouro. Você vai clamar a Deus e talvez ele não te ouça. Esta é a hora de olhar para o coração e analisar o nosso interior para tentar interpretar como estamos vivendo a nossa vida. A quem nós damos crédito? Qual é a imagem do nosso Deus invisível? Mas a pergunta principal para você se fazer é: "Pelo que eu entrego tudo?". Pelo que você está disposto a sacrificar e entregar tudo? Cuidado com seu coração. Ao responder qualquer coisa que não o Senhor, é certo que você esteja adorando outro deus no seu interior.

CAPÍTULO 6

A DESGRAÇA DA IDOLATRIA POLÍTICA: SUBMISSÃO ÀS AUTORIDADES DIANTE DA BESTA QUE SAIU DO MAR

> THIS WORLD HAS ONLY ONE SWEET MOMENT SET ASIDE FOR US.
>
> **Queen, *Who wants to live forever***

Olavo me pegou no Aeroporto de Guarulhos em uma sexta-feira ensolarada. Estudamos juntos por dois anos, e quase todas as conversas rondavam as temáticas de economia e filosofia política, principal tema de afinidade do grupo. Até o que me constava, Olavo era um respeitoso agnóstico. As conversas sobre religião eram frequentes, mas não pareciam atrair muito a atenção do colega de sala. Ele fez questão de me pegar no aeroporto porque tinha algo para conversar comigo. Começou a se interessar pelo tema das utopias políticas depois que ouviu nossas conversas a respeito em sala de aula, e ficou chocado com as raízes religiosas dos movimentos revolucionários, com a forma pelas quais as esperanças políticas tentavam responder anseios de ordem religiosa, na formação de um céu terrestre. De tanto ser confrontado, percebeu-se um religioso político. Ele me confessou, enquanto dirigia: "Depois de perceber que eu tinha uma religião civil, algo diferente começou a nascer no meu coração. Estou lendo a Bíblia todos os dias e falando com Deus. Eu só consigo chamar isso de 'fé'".

A ASCENSÃO DA IDOLATRIA POLÍTICA NA ANTIGA ROMA

Na Grécia Antiga, as relações entre política e religião eram íntimas, a ponto de existirem templos públicos e graus intensos de adoração civil. A devoção à cidade e o patriotismo cívico substituíram lentamente a adoração familiar aos antepassados, de modo que piedade e patriotismo se tornaram a mesma coisa. O rei era um sacerdote que abençoava o povo e fortalecia os cidadãos em tempos de guerra. Adoração aos reis, no entanto, não era normal nesse contexto.[1] É olhando para o mundo romano que encontramos um processo de idolatria política mais próximo e recente que o do Egito Antigo ou mesmo que o dos ambientes xintoístas orientais.

Por mais que a expressão plena *Sacrum Imperium Romanum* tenha sido usada apenas para descrever os territórios da Europa Central da Alta Idade Média até sua dissolução em 1806, a pretensa sacralidade do Império Romano pode ser percebida em seus momentos mais tenros.[2] Foi nos tempos de Pompeu, Júlio César e Crasso, que compunham o Primeiro Triunvirato, que surgiu a gênese do culto ao imperador romano. Na morte de César, a herança do grande líder romano recaiu sobre Otaviano, seu sobrinho-neto, que, em virtude da vontade de César, foi adotado como seu filho. Logo depois, Otaviano formou uma aliança um tanto instável com Marco Antônio e com Lépido. Juntos, os três formaram o que hoje é conhecido como o Segundo Triunvirato, uma ditadura de três homens. Esse foi o momento que marcou o fim da República Romana.[3]

---

1 SIEDENTOP, L. *Inventing the Individual*: The Origins of Western Liberalism, London: Penguin, 2010. p. 25.

2 BARRACLOUGH, G. "Holy Roman Empire". *Encyclopædia Britannica Online*. Disponível em: https://www.britannica.com/place/Holy-Roman-Empire. Acesso em: 14 set. 2017.

3 PERRIN, N. "The Imperial Cult". In: GREEN, J. B.; MCDONALD, L. M. (orgs.). *The World of the New Testament*: Cultural, Social, and Historical Contexts. Grand Rapids, MI: Baker Academic, 2013.

Eventualmente, veio a instabilidade do triunvirato. Após tentar usurpar o poder na Sicília em 36 a.C., Lépido foi destituído. Vários anos depois, as tensões entre Otaviano e Antônio chegaram ao auge, especialmente por conta de algumas ilações românticas com a egípcia Cleópatra VII. Por encorajamento de Otaviano, o Senado declarou guerra a Antônio, que cometeu suicídio junto de Cleópatra. Para todos os efeitos, Otaviano se tornou o governante inconteste do Império Romano.[4]

Mesmo assim, a morte de Marco Antônio não era um bom presságio para a província da Ásia (atual Turquia Ocidental), que não apenas o apoiou contra Otaviano, mas também tomou a medida extra de deificá-lo como o Novo Dioniso, uma atribuição à qual Antônio aparentemente não resistiu. Respondendo rapidamente à mudança nas marés políticas, o conselho de anciãos representativos da Ásia pediu permissão para estabelecer um culto em honra a Otaviano em Pérgamo. Na mesma época, um pedido semelhante ocorreu em nome da cidade de Niceia, na província da Bitínia. Ele aceitou o pedido da Ásia, mas com duas condições – primeiro, que a adoração cultual fosse dirigida a ele ao lado da deusa Roma, a corporificação deificada da república; segundo, que as cidades de Niceia e Éfeso também erguessem santuários separados para *Dea Roma* e *Divus Iulius* (o espírito de seu ilustre antecessor, que havia sido deificado por decreto do Senado em 42 a.C.), presumivelmente para servir cidadãos romanos que habitavam essas cidades.[5]

É espantoso que o culto imperial não tenha se iniciado como uma iniciativa *top-down*, a partir das lideranças em um dispositivo de propaganda para garantir o apoio das massas. Na verdade, a iniciativa para o primeiro culto imperial não veio de Roma, mas das principais cidades de uma de suas províncias orientais, e a crescente popularidade do culto imperial não parece ser atribuída nem à iniciativa do imperador nem ao entusiasmo amplamente espontâneo das pessoas em nível local.[6] As massas tendem a eleger divindades mais facilmente do que líderes

---

4 Ibid.

5 Ibid.

6 Ibid.

conseguem se arrogar deuses. Em um decreto da Liga da Ásia, localizado em Prienne e datado de 9 a.C., lemos algumas relações íntimas entre a divindade e o próprio César Augusto. É digno de nota o uso do termo *evangelho*, que posteriormente seria usado por Paulo para se referir à obra do próprio Deus encarnado:

> Desde que a Providência, que tem divinamente disposto nossas vidas, tendo empregado zelo e ardor, organizou a mais perfeita culminação para a vida produzindo Augusto, que para o benefício da humanidade ela encheu de excelência, como se ela o tivesse concedido como um salvador para nós e nossos descendentes, um salvador que pôs fim à guerra e colocou todas as coisas em ordem pacífica; e desde que com sua aparição César excedeu as esperanças de todos aqueles que receberam boas novas [*euangelia*] antes de nós, não apenas superando aqueles que haviam sido benfeitores antes dele, mas nem mesmo deixando qualquer esperança de superá-lo para aqueles que estão por vir no futuro; e desde o início das boas novas [*euangeliôn*] por sua causa, para o mundo, era o aniversário do deus.[7]

Semelhantemente, uma inscrição em Prienne prevê Augusto como "salvador" e o autor da paz universal. Seu aniversário é contado como a fonte de "boas novas", ou "evangelho". Títulos semelhantes, incluindo "filho de Deus" e "Deus Sebastos", não são incomuns em outras inscrições e moedas. Uma inscrição afirma que Augustus "superou até os deuses do Olimpo".[8] Historiadores geralmente pensavam que a linguagem religiosa-teológica aplicada a Augusto era mais uma retórica piedosa exagerada do que uma crença real na divinização do imperador; sendo assim, as alegações religiosas do imperador eram consideradas meras demonstrações de fachada para suas reivindicações políticas, e

---

7 HARISSON, J. R. "Paul, Eschatology and the Augustan Age of Grace". *Tyndale Bulletin* 50, 1999. p. 85.

8 HARDIN, J. K. *Galatians and the Imperial Cult*: A Critical Analysis of the First-Century Social Context of Paul's Letter. Tübingen: Mohr Siebeck, 2008. p. 29.

não afirmações que falavam significativamente sobre realidades metafísicas. Estudos mais recentes, entretanto, apontaram que a divisão entre religião romana e política romana não pode mais ser convincentemente sustentada. O ofício do imperador era igualmente religioso e político desde o início. Tudo isso significava que qualquer resistência à supremacia religiosa do imperador poderia ser percebida como um ato de subversão política – uma dinâmica que se mostraria desafiadora para os primeiros tempos da Igreja.[9]

Ainda assim, até aqui a adoração romana aos imperadores tinha um aspecto mais político que metafísico. Não era uma projeção exata da divindade sobre o indivíduo, por mais que a linguagem estivesse relacionada a isso e houvesse fortes aspectos de adoração, ainda que não como no Egito Antigo. A adoração aos imperadores como uma metafísica de fato religiosa no sentido de *fé* começa mais apropriadamente com Domiciano (e não com Nero, como geralmente se pensa), imperador de 81 a 96 d.C., o primeiro governante romano a *exigir* ser adorado como deus.[10] Em um trecho de *De Vita Caesarum*, escrito por Gaius Suetonius Tranquillus em 121 d.C. durante o reinado de Adriano, como uma biografia de Júlio César e dos primeiros 11 imperadores do Império Romano, lemos o que se segue:

> Sem menos arrogância, [Domiciano] começou da seguinte maneira ao emitir uma carta circular em nome de seus procuradores: "Nosso Mestre e nosso Deus dizem que isso seja feito". E assim surgiu o costume de, daqui em diante, não se dirigir a ele de nenhuma outra maneira, mesmo por escrito ou em conversação.[11]

---

9 PERRIN, N. "The Imperial Cult". In: GREEN, J. B.; MCDONALD, L. M. (orgs.). *The World of the New Testament*: Cultural, Social, and Historical Contexts. Grand Rapids, MI: Baker Academic, 2013.

10 Ben Witherington III tenta argumentar que a adoração a Domiciano não aconteceu nos termos comumente postos pela historiografia greco-romana comum, mas de forma pouco convincente. Para sua argumentação, cf. *Revelation* (The New Cambridge Bible Commentary). Cambridge: Cambridge University Press, 2003. p. 5-7.

11 TRANQUILLUS, G. S. *De vita Caesarum*, 8.13.2. Disponível em: http://www.perseus.tufts.edu/hopper/text?doc=Perseus%3Atext%3A1999.02.0061&redirect=true. Acesso em: 10 fev. 2020. No original: "Pari arrogantia, cum procuratorum suorum nomine formalem dictaret epistulam, sic coepit: 'Dominus et deus noster hoc fieri iubet'. Unde institutum posthac, ut ne scripto quidem ac sermone cuiusquam appellaretur aliter".

Requerer para si os títulos de "mestre" e "deus" foi um dos tiros mais óbvios no processo de estabelecimento da idolatria política no contexto romano. Todos os outros imperadores foram adorados, mas Domiciano foi o primeiro a cobrar isso, e seu governo marcou a transição entre primeira e segunda fases de perseguição no cristianismo primitivo.[12]

Essas questões de ordem religioso-política eram urgentes, e Paulo estava no meio desses contextos ao escrever suas epístolas ainda em meados do primeiro século. Para os romanos, a *Pax Deorum* ("paz com os deuses") era de suma importância. Cidadãos que não tinham boas relações com as divindades eram tidos como problema de ordem pública. Os cristãos, muito obviamente, professaram um monoteísmo exclusivo e rejeitaram o culto aos deuses pagãos. Dessa forma, crentes começaram a ser considerados maus cidadãos, perigosos para o império, tidos como ateus por não se curvarem às deidades. Todo desastre público e aflição que as pessoas passavam era posto na conta da igreja. Mais adiante, muitos seguidores de Jesus seriam pisoteados pelas feras, queimados vivos e decapitados por conta de sua "rebelião estatal". Do ponto de vista do Estado romano, os cristãos eram rebeldes criminosos. Era necessário adorar o espírito de César para demonstrar lealdade ao Estado, coisa que os cristãos recusavam fazer. A recusa em fazer sacrifícios ao Gênio do Imperador e à Fortuna da Cidade de Roma não era interpretada como ofensa religiosa, mas como uma grave ofensa política.[13]

Assim, ao tratar Jesus como único *kýrios* (κύριος, "Senhor"), os cristãos estavam se opondo diretamente à designação comum de César como *kýrios*, como todos os cidadãos romanos deveriam reconhecer. Paulo escreve dizendo que Jesus é nosso *kýrios* pelo menos 220 vezes, e não parece ter sido uma escolha de palavras despretensiosa. O apóstolo sabia que estava criando oposição direta à adoração do espírito do

12 Sobre as fases de perseguição à igreja primitiva, cf.: LITFIN, B. *Conhecendo os mártires da igreja primitiva*: uma introdução evangélica. São Paulo: Vida Nova, 2019. p. 11-19.

13 LEGGE, F. *Forerunners and Rivals of Christianity from 330 B.C. to 330 A.D.* (v. I). New Hyde Park, NY: University Books, 1964. p. xxiv.

imperador. Ao dizer que Jesus é *kýrios*, Paulo está fazendo uma declaração doutrinária e teológica, mas também política e social. O imperador não seria divino, e ele não receberia devoção. Um texto particularmente chamativo sobre isso está em 1Coríntios 12:3: "Por isso, quero que entendam que ninguém que fala pelo Espírito de Deus afirma: 'Anátema, Jesus!'. Por outro lado, ninguém pode dizer: 'Senhor Jesus!', senão pelo Espírito Santo" (NAA).

Por mais que o contexto da primeira epístola aos coríntios seja mais de perseguição judaica que de imperial romana, Mark Taylor comenta que a confissão "Jesus é Senhor" (1Coríntios 12:3), fundamental para todos os crentes, "contrasta com a experiência pagã de ser desviado por ídolos mudos",[14] o que serviria bem como alerta contra os ídolos imperiais pagãos. Isso é fortalecido pela percepção de que a declaração negativa de maldição contra Cristo ("Jesus é anátema", 1Coríntios 12:3) não parece própria dos cultos, mas possível como falha moral diante da perseguição,[15] o que colocaria a confissão de Cristo como *kýrios* como algo próprio para o lado de fora das assembleias – uma confissão dada pelo Espírito em contraste com os falsos *kýrios* deste mundo. Por isso essa seria uma declaração possível apenas pelo poder do Espírito. David Prior vê o mesmo quando diz que essa confissão mostra os cristãos contra os "senhores" deste mundo, declarando Cristo como "supremo sobre o Imperador Romano, o conquistador ressuscitado de todo principado e poder cósmico ou demoníaco concebíveis". Essa declaração aconteceria no contexto "de uma confissão pública de fé pessoal em um Salvador vivo diante de um mundo hostil".[16]

Seria muito fácil se Paulo estivesse instruindo sobre declarações intralitúrgicas. O desafio cristão de declarar Cristo como único *kýrios* se dá na faculdade, no trabalho, na família, no ambiente de mídia e na comunicação pública. Ele está falando das coisas que você faz lá fora.

---

14 TAYLOR, M. *1 Corinthians*: An Exegetical and Theological Exposition of Holy Scripture. B&H Publishing Group, 2014.

15 CULLMANN, O. *The Christology of the New Testament*. London: SCM Press, 1963. p. 218-219.

16 PRIOR, D. *The message of 1 Corinthians*: Life in the local church (The Bible speakstoday). Inter-Varsity Press, 1993.

É lá que você confessa que Jesus é Senhor sobre sua vida, e isso só acontece pelo poder do Espírito, uma vez que, por nossas próprias forças, sucumbiríamos diante das tentações do mundo. Se você se sente frágil e covarde, se tem baixado a cabeça para o espírito de César, se tem fugido das fogueiras que surgem para te queimar porque você não quer se dobrar às idolatrias desse tempo, volte de novo a buscar o poder do Espírito. Volte de novo a buscar a atuação do Espírito Santo. Volte e peça que a graça se manifeste para que você encontre uma força para além das suas capacidades. É quando o mundo tenta transformar você em alguém deplorável, é quando as pessoas tentam queimar a sua reputação, é quando as pessoas tentam queimar o seu ambiente profissional, quando tentam destruir você por causa da sua fé que o Espírito te toma de maneira sobrenatural e você consegue confessar com força que Jesus é o Senhor sobre tudo e sobre todos. Ainda que custe a sua vida. Ainda que custe o seu emprego. Ainda que custe os seus relacionamentos.

Porque o seu nome está no livro da vida, você não se prostra às adorações dessa cultura. Você crê nisso? Você crê que o Espírito Santo é poderoso para lhe dar uma coragem que você não sente há muito tempo? Você crê que o Espírito Santo é poderoso para lhe dar palavras que você nunca conseguiu professar? Porque não é pelo nosso mérito, nem pela nossa capacidade, nem pelo que sabemos, mas é pelo que o Espírito faz através do seu povo. De forma sobrenatural, podemos confessar que só ele é *kýrios*, que só ele é Senhor. Quando cremos realmente nisso, quando nos prostramos realmente a isso, é que confessamos esse Deus acima de tudo e de todos. Há muitos homens à nossa volta e muitas forças ao nosso redor pedindo nossa adoração, mas nossos joelhos só se dobram diante do Deus vivo. Franklin Ferreira, em *Contra a idolatria do estado*, comenta a respeito:

> Por que os cristãos começaram a ser perseguidos, na época de Nero, cerca de oito anos após a composição da Carta aos Romanos? Porque os cristãos foram considerados “ateus”, por adorarem o “deus invisível” e não uma representação humana, e

> considerados subversivos, por não adorarem o imperador. Eram perseguidos, torturados e mortos pelos crimes de lesa-pátria e lesa-majestade, porque eles, além de adorar o "deus invisível", entendiam que Jesus Cristo era o único Senhor.[17]

Se a política se configura como religião, os cristãos serão acusados de ateísmo político assim como eram acusados de ateísmo religioso. "Vocês não seguem nossos deuses", dirão, e será verdade. Não estaremos comprometidos com os ídolos de nossa época, e a fornalha sempre é aquecida sete vezes mais para quem não se sujeita aos deuses civis. A acusação de ateísmo, no entanto, sempre foi infundada. Cristãos tinham um Deus a servir, assim como também temos ideias políticas com as quais nos comprometer. Essas ideias, no entanto, não provêm de revelações mundanas ou de profetas revolucionários; não saem da pena de teóricos de qualquer espectro. Nossa política não é subserviente ao poder temporal e às escatologias intramundanas. Somos cidadãos de outro reino, adoradores de um único *kýrios*. Quando, poucos anos depois do governo de Domiciano, Policarpo, bispo de Esmirna nascido na segunda metade do primeiro século, foi martirizado por negar fazer juramentos, nas próprias palavras dos algozes romanos, "pelo espírito divino de César",[18] ele abriu alas para uma relação mais cristã com os deuses políticos de todos os tempos. Tratam-nos por ateus porque não entendem que "nosso Deus está nos céus; tudo o que deseja, ele tem o poder de realizar", enquanto os ídolos deles são meras "obras de mãos humanas" (Salmos 115:4).

O GOVERNO CIVIL COMO REPRESENTAÇÃO DIVINA EM ROMANOS 13

No meio desse amplo e delongado contexto de evolução da adoração ao espírito de César, Paulo escreve a epístola aos romanos. Os

---

17 FERREIRA, F. *Contra a idolatria do estado*: o papel do cristão na política. São Paulo: Vida Nova, 2016. p. 56.

18 LITFIN, B. *Conhecendo os mártires da igreja primitiva*: uma introdução evangélica. São Paulo: Vida Nova, 2019. p. 72.

cristãos em Roma certamente são os destinatários mais influenciados pelas realidades políticas de seu tempo dentre todas as comunicações paulinas. É em Romanos 13:1-7 que o apóstolo toca em um assunto intimamente político, e instrui os cristãos a uma visão calibrada da representação estatal. No Império Romano, os impostos eram cobrados em todas as províncias, pois era necessário pagar as contas do imperador e manter a imensidão do Império subsistindo. Além disso, o imposto era um sinal de conquista para os romanos, atestando a supremacia e a soberania daquele Estado sobre povos estrangeiros. Por mais que os romanos costumassem, em certo nível, respeitar as culturas locais dos povos dominados, os pesados impostos representavam o poder de domínio do Império sobre as províncias. A carta de Paulo aos romanos foi escrita em uma época na qual a insatisfação com as taxas abusivas do governo de Nero só crescia,[19] e sua intenção era convencer os irmãos a pagarem suas taxas.

O verso 7 de Romanos 13 diz: "Paguem a todos o que lhes é devido: a quem tributo, tributo; a quem imposto, imposto; a quem respeito, respeito; a quem honra, honra" (NAA). Thomas Coleman publicou um excelente estudo a respeito do uso dessas quatro palavras na cultura do tempo bíblico.[20] Enquanto alguns comentaristas têm dito que *phóros* (φόρος, "imposto") é uma referência a impostos de modo geral, sem alusão a qualquer tributo específico,[21] Coleman chama a atenção para o fato de que *phóros* é uma referência ao imposto direto que os habitantes das terras conquistadas por Roma deveriam pagar, voluntariamente ou à força. Eles pagavam o *tributum soli*, um imposto sobre a terra, e o *tributum capitis*, um imposto sobre a renda.[22] É sabido que,

---

19 COLEMAN, T. M. "Binding obligations in Romans 13:7: a semantic field and social context". *Tyndale Bulletin* 48.2, 1997. p. 325.

20 Ibid., p. 307-327.

21 LENSKI, R. C. H. *The Interpretation of St. Paul's Epistle to the Romans*. Columbus: Lutheran Book Concern, 1936. p. 801; MURRAY, J. *The Epistle to the Romans*. Grand Rapids: Eerdmans, 1965. p. 156; BARRET, C. K. *The Epistle to the Romans*. Peabody: Hendrickson, 1991. p. 228.

22 COLEMAN. "Binding obligations in Romans 13:7", p. 310.

nos tempos do Novo Testamento, judeus e não judeus foram obrigados a pagar *phóros* muito a contragosto.[23] Esse imposto significava que o povo estava subjugado a outra nação. Era humilhante e desagradável. A segunda obrigação é o *télos* (τέλος, "tributo"), ou "imposto indireto", uma taxação sobre bens e serviços.[24] Por mais que sejam polêmicos certos pontos do Direito Romano, é bem-aceita a informação de que, pelo menos em certas partes do Império, tudo o que poderia ser negociado era sujeito a essa taxa, como pregos,[25] grãos,[26] animais,[27] terras,[28] casas,[29] óleos,[30] grama[31] e até mesmo sexo.[32] Até o funcionário que coletava os impostos pagava um imposto por isso.[33] O *télos* era muito mais lucrativo para o Império que o *phóros*.[34]

Isso desagradava a muitas pessoas, inclusive os judeus. Para eles, ter que pagar imposto a Roma era uma questão teológica séria que até os dividia em diferentes partidos, e os judeus que trabalhavam como cobradores de impostos eram traidores da fé, tidos como o pior tipo de

---

23 JOSÉFO, F. *Bellum Judaicum*, 2.402-406. Disponível em: https://sites.google.com/site/latinjosephus/bellum-judaicum. Acesso em: 9 ago. 2018; FILO DE ALEXANDRIA. *Les oeuvres de Philon d'Alexandrie*: De specialibus legibus, I et II (v. 24). Éditions du Cerf, 1975, I.142-43; *1Macabeus* (LXX), 10.29; SÍCULO, Diodoro. *Biblioteca histórica*. Madrid: Editorial Gredos, 2004, 1.18.5-6, 10.25.4, 11.47.1; ESTRABÃO, *Geography*, 4.5.3. Disponível em: http://www.perseus.tufts.edu/hopper/text?doc=Perseus%3Atext%3A1999.01.0197. Acesso em: 14 set. 2019.

24 MURRAY. *Romans*. p. 156; BARRETT. *Romans*. p. 228.

25 BRUNT, P. A. "The Revenues of Rome". In: *His Roman Imperial Themes*. Oxford: Clarendon, 1990. p. 329.

26 LLEWELYN, S. L. *New Documents Illustrating Early Christianity* (v. VI). Macquarie: The Ancient History Documentary Research Centre, 1992. p. 113.

27 Ibid.

28 GRENFELL, B. P.; HUNT, A. S.; SMYLY, J. G. (ed.). The Tebtunis Papyri. H. Frowde, Oxford University Press, 1907, 280 I.5-6.

29 Ibid., 350 I.9; 351 I. 3,7.

30 Ibid., 38 I. 10.

31 Ibid., 379 I. 17.

32 BRUNT. "Revenues of Rome", p. 329.

33 GRENFELL, B. P.; HUNT, A. S.; SMYLY, J. G. (ed.). The Tebtunis Papyri. H. Frowde, Oxford University Press, 1907. p. 329.

34 ESTRABÃO, *Geography*. 2.5.8. Disponível em: http://www.perseus.tufts.edu/hopper/text?doc=Perseus%3Atext%3A1999.01.0197. Acesso em: 14 set. 2019.

pecador. A forma como Paulo intenta convencer aqueles cristãos a continuarem pagando seus impostos elenca a questão da representação divina por parte dos governantes.[35]

Para o povo judeu debaixo do Império Romano, era doloroso pagar impostos por causa da configuração nacional da fé. Um judeu não tinha sua configuração de fé como a nossa. Nós não temos uma cidade, um exército ou uma terra prometida aqui neste mundo. Como gentios na igreja, nós temos os céus, a nova terra escatológica; somos oriundos de vários povos e não temos leis nacionais. Nossas regras de fé dizem respeito ao nosso engajamento em toda e qualquer cultura, mas isso não era verdade para os judeus do período bíblico. Eles tinham uma cidade. Eles tinham leis civis, uma constituição para a vida cívica e um destino para seus impostos, que era a casa do tesouro. Quando os judeus estão debaixo da força do Império Romano, isso é contranatural para eles. É até mesmo anti-intuitivo do que Deus esperava deles, porque não podiam viver de acordo com as próprias leis que foram colocadas em Levítico. Eles não podiam usar seus recursos da forma como achavam

---

35 Ao contrário do que diz James M. Willson, Paulo não está apresentando "a natureza, as funções e as reivindicações de um bom governo" (WILLSON, J. M. *The Establishment and Limits of Civil Government*: An Exposition of Romans 13:1-7. Powder Springs, Georgia: American Vision Press, 2009. p. 6). Ele está, de fato, apenas gerindo o relacionamento dos crentes com um governo pagão. Paulo não está preocupado com ensinar ciência política. Seu desejo é gerir a questão dos impostos. Ainda assim, as declarações de Paulo podem ser usadas para formular bons pressupostos à nossa visão cristã da política? Muitos acreditam que Paulo não poderia falar qualquer coisa próxima de uma teoria política em sua carta porque ele não estava escrevendo a governantes, mas a cristãos sob a autoridade do Estado. Essa argumentação, no entanto, tem o falso pressuposto de que Paulo não poderia falar com cristãos comuns sobre quais são as funções e os deveres do Estado. É totalmente aceitável que Paulo fale sobre as funções do governo com cristãos comuns para que eles possam compreender melhor com o que estão lidando. Paulo não está escrevendo, naquele contexto específico, sobre como o cristão deve influenciar a cultura. A Roma do primeiro século não era mais republicana e democrática há quase um século. Isso não significa que, uma vez que estamos atualmente em uma democracia, não devamos usar categorias bíblicas para formular nossos pressupostos políticos. Paulo não estava desenvolvendo uma teoria política completa, mas ele deixou clara a função punitiva do Estado e a quem essa punição se estende, por exemplo. O contexto social de Romanos e de toda a vida paulina tornava inútil uma teologia/teoria política detalhada. Não fazia sentido ele falar de qualquer envolvimento do cristão com a política, ou instruir detalhadamente sobre como o governo deveria ser, uma vez que não existia absolutamente nada que um crente pudesse fazer por mudanças no governo além de orar. Dentro de algum limite, no entanto, é possível montar algo parecido com uma teoria política incipiente em Paulo.

que era mais importante, porque tinham que pagar impostos a um imperador de fora da casa de Israel. O que parece, ao escrever para a igreja em Roma, é que Paulo está lidando com um grupo de cristãos um tanto quanto rebelados com o que acontecia naquele período. Ao mesmo tempo que se cobrava uma reverência quase religiosa aos imperadores, o povo estava indignado mediante a necessidade de pagar impostos.

Paulo, então, é muito sagaz no modo como escreve. Costumo brincar dizendo que a Bíblia é um livro compactado, como um arquivo "zipado" no computador: precisamos descomprimi-la para acessar seu conteúdo. A Bíblia foi escrita em materiais difíceis de manufaturar, em um tempo sem papel, imprensa ou computadores. A palavras tinham que ser calculadas. Não era como quem escreve no WhatsApp, como alguém que escreve e só pensa depois. As palavras eram bem pensadas, e todos diziam muito falando pouco. Paulo consegue lidar com dois problemas ao mesmo tempo ao escrever Romanos 13, principalmente dos versos 1 a 7. Ele lida tanto com aqueles que querem se rebelar contra o governo quanto com aqueles que, de alguma forma, estão submissos a esse chamado de adoração à força governamental.

Paulo começa seu texto dizendo que todos devem se sujeitar às autoridades. Na língua grega, Paulo não fala de "autoridades governamentais", mas apenas de autoridades superiores (*exousiais hyperechousais*, ἐξουσίαις ὑπερεχούσαις). Nisso, alguns tentam argumentar que Paulo está falando de obediência a autoridades eclesiásticas[36] ou a autoridades espirituais.[37] Porém, nada disso se justifica no contexto do significado comum de "autoridades", na descrição das funções tipicamente civis dessas autoridades e nos comentários sobre cobrança de impostos que

---

36 Por exemplo, NANOS, M. D. *The Mystery of Romans*: The Jewish Context of Paul's Letter. Minneapolis: Fortress, 1996. p. 302-304, que vê referência aos líderes da sinagoga, e OGLE, A. B. "What Is Left for Caesar? A Look at Mk 12:13-17 and Rom. 13:1-7. *Theology Today*, v. 35, n. 3, 1978-1979. p. 254-264, que vê um relacionamento de "serviço-liderança da igreja".

37 As "autoridades" de Judas 8, no contexto, parecem se referir a autoridades espirituais, já que todo o contexto posterior fala de anjos e demônios, e não de governantes. O contexto aqui em Romanos é outro.

aparecem nesse texto. Só podemos acreditar, de fato, que Paulo está falando de autoridades civis, governamentais. Paulo usa um plural para falar das autoridades. Isso porque o sistema de governo romano tinha o governo central em Roma, com o imperador, os governos provinciais, com governadores indicados pelo imperador ou senado, e o sistema militar de Roma, que impunha autoridade.[38]

Em qual sentido, então, Paulo nos ordena obedecer, em sujeição, às autoridades governamentais? O modo como Paulo vai explicar essa sujeição deixa evidente um interesse em obediência não ao indivíduo governante, mas à autoridade governamental no exercício de sua função. Podemos dizer isso porque a linguagem paulina está sempre relacionada à *obediência às leis*. O insubmisso é definido em termos de praticar a maldade (v. 3), não pagar os impostos (v. 7) e não temer e honrar os líderes (v. 7), estrutura que se repete em outro texto paulino e até mesmo na fala de Pedro (Tito 3:1 e 1Pedro 2:13-14), em que sujeição sempre vem antes ou em paralelismo com obedecer às leis, não agindo como um malfeitor. É por isso que em Atos 16:36-39, quando diante de autoridades, Paulo apelou à lei romana que estava sobre toda autoridade, reclamando a ausência de um processo formal contra o cidadão romano. Paulo usou as leis como autoridades últimas contra as autoridades humanas. O mesmo acontece em Atos 2:23-29, além do retratado em 2Timóteo 4:13-19. Dessa forma, poderíamos reescrever a ordenança paulina, trazendo o que foi escrito aos romanos debaixo de um império para

---

38 Alguns teólogos têm visto no uso do plural "autoridades governamentais" uma indicação paulina para que não exista uma única hierarquia governamental, mas algum tipo de divisão de poderes, a fim de evitar a tirania ou a ditadura. Ainda que assumam que o texto não deixa claro qual modelo de pluralidade política devemos seguir, são propostas a Teoria da Divisão dos Poderes de Montesquieu, com o sistema de freios e contrapesos, como é aplicado no Brasil, ou as perspectivas de Alexis de Tocqueville acerca da descentralização e desconcentração (p. ex., NORTH, G. *Cooperation and Dominion*: An Economic Commentary on Romans. Harrisonburg, Virginia: Dominion Educational Ministries, Inc., 2007. p. 154-155). Ainda que eu concorde com a validade da Divisão de Poderes e seja eu um entusiasta da democracia, é exagerado acreditar que Paulo esteja fazendo qualquer apologia à não unidade governamental. Ao citar a pluralidade de agentes de autoridade, o apóstolo está se referindo apenas às muitas pessoas que são agentes do governo despótico de Nero, e não propondo um modelo de governo.

contextos democráticos, republicanos e constitucionais, como "Todos devem obedecer à lei".[39]

Ainda que Paulo use termos gerais para falar das autoridades governamentais, tais expressões devem ser entendidas como sinédoques (*totum pro parte*), após o vermos se referindo inequivocamente aos governantes como indivíduos, com "os magistrados" (v. 3). O pronome oculto do verso 6 também indica o mesmo: "Por esta razão também pagais tributos, porque [eles] são ministros de Deus, atendendo sempre a isto mesmo". Eles quem? Podemos perceber que Paulo está falando dos governantes, não simplesmente da instituição governamental. Isso, no entanto, deve levar em conta que, naquela época, Roma vivia em um império no qual *Rex, Lex*, ou seja, "o rei é a lei". Quando o rei francês Luís XIV declarou *L'État c'est moi* ("O Estado sou eu"), ele estava, de alguma forma, ecoando a realidade de todo governo não plenamente constitucional: "a palavra do rei é soberana" (Eclesiastes 8:4). Os governantes e as próprias instituições governamentais se confundem numa amalgama só. Apenas com Samuel Rutherford, no século 17, é que teremos uma publicação cristã chamada *Lex, Rex*, com o subtítulo "A Lei é Rei", evidenciando o padrão escocês e presbiteriano de governo, que via os governantes como servos de uma lei anterior a eles, e não como positivadores da legalidade. Ao percebermos esse momento histórico romano, podemos compreender que Paulo não está falando de uma obediência irrestrita a cada governante como indivíduo, mas às autoridades governamentais como tal.

---

39 Não estou, de forma alguma, defendendo a ficção moderna de uma "lei" impessoal e abstrata completamente dissociada da figura do legislador. Muitos cristãos defendem uma visão mais realista de uma relação intrínseca entre a lei e a autoridade pessoal que a institui (ou que de algum modo tem o poder da coerção para exigir seu cumprimento). Nem mesmo estou tentando estabelecer um "limite" ao poder do governante, mas apenas deixando claro que a submissão se dá não ao indivíduo em qualquer mando e desmando de ordem pessoal, mas naquilo que o magistrado estabelece no exercício de sua função. Não há bem uma limitação no poder do magistrado nesta minha tentativa de reformulação moderna na leitura do texto, já que ele pode fazer com que suas vontades privadas se manifestem em forma de lei, caso queira e não haja nenhum limite para isso em seu contexto político. Não existe a "autoridade" separada da pessoa que a exerce, e talvez esse texto seja uma das melhores bases bíblicas para declarar isso. Minhas próprias incapacidades no estudo do Direito me impedem de lidar com esse assunto de forma minimamente apropriada. Agradeço a Vinicius Silva Pimentel por esse *insight* importante.

Mais à frente, Paulo vai dizer que o governo civil é um servo de Deus para nosso bem (v. 3-4). A palavra para "servo" aqui é a mesma usada constantemente para "diácono". A LXX fala frequentemente das pessoas que serviam no templo (Números 4:37,41; 1Samuel 2:11,18; 3:1; Esdras 7:24; Neemias 10:39; Isaías 61:6), além de falar no Novo Testamento daqueles que são ministros do Senhor (Hebreus 8:2; 10:11). Tal termo certamente nos lembra que os magistrados são servos de Deus para o serviço público. O governo não pode ser interpretado, dessa forma, como um mero mal necessário. Ele é, de fato, um instrumento de Deus para a promoção do bem e a coerção do mal. Desde a Criação nós temos Adão como proto-governante do Éden, e na eternidade teremos o governo de Deus sobre todos os salvos. Nesse meio tempo, temos o Estado servindo como ministro de Deus. Uma visão negativa do Estado não provém do cristianismo, e ser contra a existência de governantes é ser contra ministros do Senhor.

As interpretações anarquistas de Romanos 13 propostas por Vernard Eller em *Christian Anarchy*, de 1987, ou por Jacques Ellul em *Anarchie et christianisme*, de 1988, não parecem tratar com respeito o significado natural da passagem, argumentando sempre o contrário do que está escrito. Qualquer leitor atento percebe que ambas as obras têm a anarquia como pressuposto interpretativo para Romanos, não o contrário. Elull argumenta, por exemplo, que é estranho Paulo ordenar submissão às autoridades logo após argumentar que o cristão não deve se conformar com este mundo (Romanos 12:1). Baseado nisso, ele diz que as ordens de Paulo à sujeição governamental se dão sempre como um ato de "amar os inimigos", já que ele pressupõe o Estado como algo sempre maléfico. Há certa verdade no fato de que muitas vezes seremos inimigos do Estado e vice-versa, mas isso ignora que Paulo estabelece funções e justificativas para a existência de um governo civil. Em sua obra, Elull se porta mais como um ideólogo do que como cientista político ou até mesmo como cristão que tem em alta conta a revelação de Deus.

Outros argumentam que Paulo estava apenas sendo pragmático e que aquele não era um bom momento para os judeus romanos se revoltarem abertamente contra o governo,[40] mas isso não surge textualmente em Romanos. Anarquistas cristãos também argumentam, constantemente, que é uma indignidade que homens se sujeitem a outros, em uma relação de cidadão-governante. Liev Tolstói, em sua *magnum opus* de não ficção, *O Reino de Deus está em vós*,[41] chocado com a violência governamental, propunha governo nenhum. Porém, a posição de governança civil, uma vez percebida como um dom divino, faz com que os magistrados não sejam vistos como pessoas superiores ou especiais dentre seus concidadãos. A autoridade civil é delegada por Deus, e não uma honraria a cidadãos superiores. Aqueles que assumem cargos públicos devem cumprir seus deveres com senso de serviço aos iguais, não com postura de superioridade. Todos nós daremos conta de nossos atos perante uma autoridade superior. A obediência, portanto, não afeta a dignidade do indivíduo. Como postulou Abraham Kuyper:

> A autoridade sobre os homens não pode originar-se de homens. Nem mesmo de uma maioria em oposição a uma minoria, pois a História mostra, quase em todas as páginas, que muitas vezes a *minoria estava certa*. E assim, [...] *toda autoridade de governo sobre a terra origina-se somente da Soberania de Deus*. Quando Deus diz a mim "obedeça", então humildemente curvo minha cabeça, sem comprometer nem um pouco minha dignidade pessoal como homem. Pois na mesma proporção em que vocês se rebaixam, curvando-se a um filho do homem, cujo fôlego está em suas narinas; assim, por outro lado vocês se levantam, se vocês se submetem à autoridade do Senhor do céu e da terra.[42]

O apóstolo chama atenção para Deus ser o responsável pela presença das lideranças civis, e que por isso deveríamos estar sujeitos em obediência às leis e ao pagamento de impostos. Paulo deixa claro que "não

---

40 *Christianity and Anarchy*. Disponível em: http://studentsforliberty.org/blog/2014/11/28/christianity-and-anarchy/. Acesso em: 2 jan. 2015.

41 TOLSTÓI, L. *O Reino de Deus está em vós*. Rio de Janeiro: BestBolso, 2011.

42 KUYPER, A. *Calvinismo*. São Paulo: Cultura Cristã, 2003. p. 90.

há autoridade [governamental] que não venha de Deus – as autoridades que existem foram por ele estabelecidas" (v. 1), e que os governantes são "o que Deus instituiu" (v. 2). O Senhor é soberano sobre as leis e os legisladores. Daniel diz que "O Senhor [...] remove os reis e os constitui" (Daniel 2:21), e que "o Altíssimo, tem domínio sobre o reino dos homens e a quem quer constitui sobre ele" (Daniel 5:21). Até mesmo o livro apócrifo de Eclesiástico diz: "Nas mãos do Senhor está o governo do mundo: ele suscita, no tempo oportuno, o homem que convém" (10:4). Muitos pensadores do passado concordavam com a visão cristã acerca da ordenação de magistrados, como Isócrates argumenta que os deuses apontam aqueles que devem governar,[43] e Epiteto, quando diz que os governantes são "apontados por Deus".[44] O próprio Jesus diz em João 19 à autoridade política: "Não terias nenhuma autoridade sobre mim, se esta não te fosse dada de cima" (v. 11). Isso não significa, claramente, que Deus está validando os líderes que escolhe. Há muitos motivos para que homens maus governem um povo. Deus é quem concede autoridade, seja aos líderes que ele aprova, seja aos líderes que ele rejeita.

Paulo deseja que os cristãos entendam a origem divina dos governantes, postos por Deus em autoridade para o bem do povo, no exercício do poder da espada. Em vez de ser uma quimera dotada de todo poder, os governantes deveriam ser vistos como submissos a uma divindade maior, o único Deus. Eles não deveriam se pôr como senhores, mas certamente como servos do Senhor. Ao nos opormos a uma teologia civil da representação absoluta, também não entramos pelo caminho da anarquia e rebelião. Somos sujeitos ao que de Deus é representado pelas forças estatais. Quando os governantes desejam agir como déspotas, podemos sofrer injustiças ao obedecer externamente e ao ser bons cidadãos, mas nunca ofereceremos a submissão de nosso coração.

---

43 ISOCRATES. "Oration to Philip". In: *Isocrates, Volume III*: Evagoras, Helen, Busiris, Plataicus, Concerning the Team of Horses, Trapeziticus, Against Callimachus, Aegineticus, Against Lochites, Against Euthynus, and Letters 1-9 (Loeb Classical Library). Harvard University Press; William Heinemann Ltd., 1945, 5.151.

44 EPITETO. "Simplicius Commentary on Epictetus' Encheiridion". In: BOTER, G. *The Encheiridion of Epictetus and its Three Christian Adaptations*. Brill, 1999, 23.1.

Essa obediência às leis, obviamente, não se dá de forma cega. A palavra usada aqui é a mesma para a sujeição de esposas aos maridos e dos filhos aos pais – modelos de sujeição que são limitados. Filhos obedecem a seus pais até em ordens injustas, mas nunca em ordens pecaminosas, assim como no caso das esposas. Como o objetivo geral de Paulo nesse trecho de sua carta é exatamente levar os cristãos de Roma a obedecer a certos abusos governamentais – como o caso do imposto, que veremos com cuidado mais à frente –, ele ignora casos nos quais os cristãos poderiam justamente desobedecer às autoridades. Cabe considerar que o apóstolo está ordenando que os cristãos obedeçam às leis que consideravam injustas, mas que não lhes obrigavam a pecar. Leis abusivas que nos machucam, nos atrapalham e que são meras arbitrariedades totalitárias devem ser combatidas pelos cristãos de modo ideológico, não com desobediência.

Devemos sempre lembrar que, "no momento em que os magistrados vão além dos limites de sua autoridade", diz Harro Höpfl, "tornam-se semelhantes aos ladrões, usurpadores e violadores".[45] Governantes não têm autoridade para nos fazer pecar contra a maior autoridade que existe sobre todos eles. Dessa forma, "os cristãos devem opor-se a todo sistema político totalitário. Mais do que um direito, isso é um dever (Êxodo 1:17,21; Daniel 3:18; 6:10; Ester 4:16; Mateus 2:8,12; Atos 4:18,20; 5:29)".[46] O jurista britânico William Blackstone, conhecido por ter escrito os *Comentários sobre as Leis da Inglaterra*, a primeira grande obra da jurisprudência inglesa desde as *Institutes* de Edward Coke, estabeleceu que as leis não têm validade se contrárias à lei maior, "ditada pelo próprio Deus".[47]

Pedro nos ensinou que, se a autoridade governamental nos envia ao pecado, é melhor obedecer a Deus que a homens (Atos 5:29). Em Atos, ele sofreu todas as chicotadas que a lei lhe ordenava, mas desobedeceu

---

45 HÖPFL, H. (ed.). *Sobre a autoridade secular*: Lutero e Calvino. São Paulo: Martins Fontes, 1995. p. XXXIX.

46 FERREIRA, F. "A relação entre a igreja e o estado". *Teologia Brasileira* 32, 2014.

47 BLACKSTONE, W. *Commentaries on the Laws of England* (v. I). Philadelphia: Rees Welsh and Co., 1902. p. 31.

à ordem de parar de pregar. Paulo escreve aos coríntios contando que até chegou a fugir de uma tentativa de prisão: "Em Damasco, o governador nomeado pelo rei Aretas mandou que se vigiasse a cidade para me prender. Mas de uma janela na muralha fui baixado numa cesta e escapei das mãos dele" (2Coríntios 11:32,33).

A tradição veterotestamentária segue a mesma linha. Em Êxodo 1:19, lemos as parteiras hebreias desobedecendo à ordem real de executar todos os recém-nascidos do sexo masculino. Justamente por causa dessa desobediência, o texto diz que "Deus fez bem às parteiras" (Êxodo 1:20). Deus recompensou uma desobediência ao governo civil, uma vez que a ordem dada pelos governantes era a de assassinar crianças. Quando Daniel foi pego desobedecendo ao decreto real que lhe proibia de fazer suas orações, o que ele declarou? "Contra ti, ó rei, não tenho cometido delito algum" (Daniel 6:22). Para ele, sequer poderia ser considerado um delito ter desobedecido à lei que lhe proibia de agir segundo sua fé. Jezabel, nos tempos de Elias, mandou matar todos os profetas hebreus, mas Obadias escondeu vários profetas numa gruta. Debaixo do Nazismo, muitos cristãos abrigaram e protegeram judeus em suas casas, contrariando as ordens de Hitler.

Claro que, mesmo existindo uma ocasião e um lugar correto para a desobediência ao governo, isso não deve ser feito com o uso da violência. Nas palavras de Norman Geisler: "A espada não é dada aos cidadãos para ser usada contra o governo, mas ela é dada ao governo para ser usada contra cidadãos rebeldes. Em suma, dois erros não fazem um acerto".[48] A espada está nas mãos do governo civil, não nas nossas. O mote de Benjamin Franklin, que evoca Rutherford, diz que *rebelião à tirania é obediência a Deus*,[49] mas será que isso está correto? O governo romano era bem tirano, e Paulo nos comanda a obediência até aos abusos de impostos. Na verdade, devemos dar a outra face ante os abusos dos governos tiranos, e sofrer nas mãos dos governantes, como Jesus

---

48 GEISLER, N. Ética Cristã: opções e questões contemporâneas. São Paulo: Vida Nova, 2010. p. 293.

49 HUNT, G. *The History of the Seal of the United States*. Washington, D.C.: Department of State, 1909. p. 5.

fez. Nossa luta é com a voz, não com os punhos. O próprio Cristo levantou sua voz, chamando Herodes de "raposa" (Marcos 13:31-32), mas não defendeu qualquer levante popular contra ele.

É por isso que o cristão não faz parte de revoluções que cobrem violência ou desobediência às leis. O próprio Jesus foi antirrevolucionário. Quando tentaram proclamá-lo rei contra o governante romano de sua época, ele fugiu para um lugar distante a fim de não ser levantado como novo líder político (João 6:15). Infelizmente, no século passado muitas igrejas na Europa financiaram as lutas armadas a fim de implantar governos socialistas na América Latina, e certos cristãos comunistas brasileiros, de alas da Teologia da Libertação e da Teologia da Missão Integral, defendem uma tomada violenta do poder. Isso, porém, não condiz com a fé. Participar de marchas antigovernistas, ser da oposição partidária ou votar contra a situação não constituem insubmissão às autoridades porque não constituem desobediência às leis. Já a revolta armada e a sonegação de impostos representam práticas incompatíveis com a ética cristã.

Muitos cristãos, interpretando errado o significado de submissão às autoridades nessa passagem, cometeram verdadeiros abusos. Na Alemanha, durante as décadas de 1930 e 1940, por exemplo, teólogos utilizaram Romanos 13 para encorajar a submissão ao regime nazista, especialmente por ele ter sido democraticamente eleito. Recentemente, um membro do parlamento do Zimbábue declarou que o corrupto ditador-presidente Robert Mugabe foi enviado por Deus e que, por isso, não deveria ser desafiado nas eleições seguintes. No entanto, Deus não nos ordena submissão a assassinatos nem nos impede de votar em um político diferente. Isso está longe do significado da passagem.

Uma má interpretação do significado dessa passagem também tem levado muitos bons irmãos de boa teologia a torcer o significado do texto para evitar que os crentes caiam em submissão cega ao governo. Considerando que a ordem de Paulo seria obedecermos aos governantes, não às leis, alguns teólogos reformados acreditam que, como os governantes foram instituídos por Deus para punir os maus e louvar os bons, quando o governo ou se escusa de cumprir suas funções ou abarca para si funções que não são suas, ele não provém de Deus e não devemos nos submeter a ele. Essa não me parece, de forma alguma, uma boa leitura do texto. Paulo não ordena que obedeçamos apenas a autoridades que agem corretamente de acordo com suas funções, mas toda autoridade, até aquelas que abusam em cobrar impostos.

O motivo de nossa obediência, diz Paulo, é que "as autoridades que existem foram por [Deus] estabelecidas". Nossa obediência não é motivada simplesmente pelo fato de as autoridades cumprirem bem ou não suas funções, mas por terem sido instituídas todas elas por Deus. Como diz Hodge, "a obediência não é requerida no terreno do mérito pessoal daqueles em posição de autoridade, mas em razão da sua posição oficial".[50] Se é a vontade de Deus que põe as autoridades no poder, é desobediência a Deus não nos submetermos a qualquer uma delas, dentro dos limites da consciência cristã.

Alguns continuam defendendo esse ponto de vista com um argumento lexical. No grego, Paulo diz, literalmente, "altas autoridades", ou "autoridades superiores" (ἐξουσίαις ὑπερεχούσαις). James Willson argumenta, então, que ὑπερεχούσαις deve ser traduzido no sentido de "excelência", como "autoridades excelentes".[51] Dessa forma, as autoridades civis só devem receber submissão se seguirem as corretas qualificações que marcam essa excelência.[52] Outros dizem que devemos obedecer aos governantes, desde que eles sejam "legítimos" – ou seja – que ajam segundo a determinação bíblica. De fato, essa interpretação é inadequada das mais variadas formas, mas basta considerar que é um uso muito restrito das possibilidades de sentido (campo semântico) da palavra. Não podemos escolher a tradução, dentre as várias possibilidades, que melhor nos convém, sem considerar o contexto do uso. Além disso, Paulo está falando das autoridades romanas de sua época, que certamente não poderiam ser consideradas autoridades excelentes. O próprio assassinato e a perseguição aos crentes deixa isso muito claro.

---

50 HODGE, C. *A Commentary on the Epistle to the Romans*: Designed for Students of the English Bible. Philadelphia: Grigg & Elliot, 1835. p. 520.

51 WILLSON, J. M. *The Establishment and Limits of Civil Government*: An Exposition of Romans 13:1-7. Powder Springs, Georgia: American Vision Press, 2009. p. 10-11.

52 Ibid., p. 11.

O que Romanos 13:1-7 nos ensina sobre o problema da representação política e suas aplicações para a vida prática do cristão é o quanto os governantes representam a vontade divina sem ser confundidos com a própria divindade. No verso 7, quando Paulo fala de "honraria pública", *phóbos* (Φόβος, "temor"), ele traz a ideia de prestar algum tipo de reverência – não de forma religiosa, mas civil. O mesmo termo é usado para falar do respeito dos filhos pelos pais em Levítico 19:3 (LXX). Já *timē* (τιμή, "honra") fala de ter alguém em alta estima, oferecendo até honrarias públicas. Paralelamente, em 1Pedro 2:17, lemos: "Temei [*phobeisthe*, φοβεῖσθε] a Deus. Honrai [*timate*, τιμᾶτε] ao rei". Enquanto Deus recebe o *phobeisthe*, a admiração e o respeito que chegam ao nível do temor,[53] o rei recebe o *timate*, a atribuição de status elevado.[54] O poder temporal não tem nossa subserviência última. Nós honramos o rei, mas só tememos a Deus.

Enquanto temos um comportamento com Deus, temos outro com o rei. Temos um tipo de submissão que é diferente da submissão ao líder civil. Talvez seja aí que moram os desafios das idolatrias. Quando invertemos isso, ou quando elevamos o líder civil ao status de rei, é quando acreditamos que os clamores por adoração de César ainda devem ser ouvidos e obedecidos. Nós, como cristãos, devemos ter mais do espírito de Policarpo e nos recusarmos a adorar o espírito de César. Devemos recusar ceder a forças políticas, não só às pessoas políticas. Rejeitamos submissão total a ideias políticas, a projetos políticos, a visões políticas. Devemos recusar um tipo de compromisso de alma que só pode ser dado ao Evangelho. Devemos recusar um tipo de senso de propósito e esperança que só pode ser dado à obra de Jesus.

Há um escritor católico brasileiro chamado Francisco Razzo que escreveu um livro chamado *A Imaginação Totalitária: os perigos da política como esperança*. É muito perigoso quando a política vira uma esperança, quando olhamos para forças e autoridades civis projetando algo que

---

53 LOUW, J.; NIDA, E. *Léxico grego-português do Novo Testamento baseado em domínios semânticos*. São Paulo: Sociedade Bíblica do Brasil, 2013, 25.252, 87.14.

54 Ibid., 87.8.

somente Deus deveria receber. É perigoso quando projetamos sobre eles o poder de controlar a existência do ser humano, o poder de escolher tudo acerca da vida, de definir o bem e o mal, de organizar as relações sociais. Quando projetamos em determinados partidos ou visões políticas a salvação e a esperança de uma vida melhor em um nível que às vezes é quase divino, idolatramos em nossos corações falsas divindades. Se você olhar para movimentos revolucionários, principalmente no período pós-iluminista, o que se tem são pessoas construindo utopias e sonhos de novos mundos a partir de revoluções que resolveriam os problemas da humanidade. Quando a revolução viesse, quando tudo fosse transformado através da força política, ela forneceria ao homem a verdadeira felicidade.

Você já deve ter ouvido muito disso se você faz faculdade, principalmente em ambientes de cursos de Humanas. Uma colega minha me contou que sua professora dizia que, quando o comunismo chegasse, o homem nunca mais teria inveja no coração. É quase uma promessa de glorificação laica do homem. Se pegarmos os textos dos autores revolucionários, percebemos que havia uma esperança de transformação política do homem. Diziam que teríamos controle sobre o corpo, tendo força sobre coisas inatas do ser, como fluxo sanguíneo e batidas do coração. O homem comum seria como um Beethoven. Seríamos transformados de forma total e completa quando a revolução política chegasse. É quase absurdo ler textos de literatura política e encontrar textos de literatura religiosa, porque a história das revoluções políticas é mais um capítulo na história das seitas e heresias. Os homens têm projetado na política um interesse, uma esperança e uma transformação do mundo que só deveriam ter projetado em Cristo Jesus. As pessoas acham que dessa forma viverão o que o mundo espera delas, e que o mundo será o que Deus quer quando o político específico proibir as coisas específicas. Quando o político vier, ele resolve tudo. Com isso, corremos o grande risco de trazer de volta o espírito de César quando projetamos sobre diáconos e magistrados algo que só deveríamos projetar em Deus.

Os políticos acabam por manter a postura de cobrar submissões cada vez mais absolutas. Falando sobre a eliminação do rei divino, o antropólogo James G. Frazer conta, em *O ramo dourado*, que os reis africanos eram antes instrumentos de sacrifício que de poder. Como eram representantes do divino (todo rei chiluk, por exemplo, era portador do espírito do ancestral divino Nyakang), não podiam envelhecer, adoecer ou enfraquecer. Assim, ao menor sinal de fraqueza, o rei era morto em um ritual de regicídio, e a investidura passava ao seu sucessor. O sacrifício dos deuses políticos existe para que eles continuem como divindades.[55] Xerxes não pode sangrar, por isso o líder autoritário nunca assumirá qualquer erro. Um presidente disposto a se manter idolatrado jamais poderá pedir desculpas ou recuar sem dar ares de que esse sempre foi o objetivo oculto. Assim, o povo idólatra se submete em nível total ao homem, abandonando a submissão última, que só deveria ser entregue a Cristo Jesus.

Calibramos nosso comportamento público com uma vida privada de devoção ao único que a conquistou por morte de cruz. Assim como a honra aos governantes vem por conta da autoridade tanto quanto da virtude, como explicou Plutarco,[56] o temor a Deus vem por conta de suas autoridades e virtudes supremas, que homem nenhum pode representar plenamente. Quando olhamos para o governo em representação exata da vontade divina, a ponto de oferecermos submissão completa e absoluta, estamos diante do espírito do governo da besta que saiu do mar.

O GOVERNO CIVIL COMO REPRESENTAÇÃO DEMONÍACA EM APOCALIPSE 13

Quando falamos do Apocalipse, costumeiramente reagimos com medo e temor do que é registrado nesse livro. Tal sentimento de alarme tem dois motivos principais. O primeiro medo está associado às figuras que são temerárias e trazem espanto, figuras estranhas e assustadoras que aparecem nesse livro. Há dragões, bestas, insetos com partes metálicas, anjos, demônios, feras com partes de vários animais e chifres de diversos

---

55 FRAZER, J. G. *O ramo dourado*. Rio de Janeiro: Zahar, 1983.

56 PLUTARCO. *Matérias relativas a costumes e morais*, 617c. Disponível em: http://www.attalus.org/info/moralia.html. Acesso em: 14 set. 2019.

tamanhos, além do relato de doenças, fomes, catástrofes e dificuldades mil que assolariam o ser humano e toda coisa criada. Muitas vezes temos pesadelos quando lemos o livro de Apocalipse. O segundo medo, no entanto, está relacionado aos temores pertinentes à interpretação do livro. Nós temos muita dificuldade na leitura e na obtenção do significado do que está escrito. É um livro difícil, problemático, com muitas interpretações e metáforas.

Quando falamos de escatologia, no entanto, nós não estamos falando necessariamente do futuro. Interpretamos Apocalipse como algo que se manifesta sempre além de nossa história, num caráter profundamente futurístico. No entanto, o início da escatologia se dá com a encarnação do Messias, com a vida terrena de Jesus. Ele iniciou o fim dos tempos e os últimos dias. Ele veio como resultado do ministério profético do Antigo Testamento, inaugurando o estabelecimento do Reino dos Céus. Paulo diz que ele é uma antecipação da ressurreição futura, como um prenúncio da realidade escatológica (1Coríntios 15:20; Colossenses 1:18).[57]

O próprio livro do Apocalipse tem descrições de fatos passados. Sendo o público-alvo do livro as sete igrejas da Ásia Menor, o interesse de Deus ao usar João como coautor do texto era falar a cristãos do século primeiro. Várias profecias apocalípticas já se cumpriram, de fato, em governos romanos. Não podemos olhar para o Apocalipse apenas como um texto futuro, mas como um texto que entremeia o passado e o futuro, sem ignorar o presente. O Apocalipse não representa apenas o que está "pra lá", mas também o que "já começou" e está se descortinando paulatinamente rumo à consumação de todas as coisas.

É por isso que João, em sua primeira epístola, fala do espírito do anticristo: "Todo espírito que não confessa a Jesus não procede de Deus. Esse é o espírito do anticristo, acerca do qual vocês ouviram que está vindo, e agora já está no mundo" (1João 4:3). Ainda que o mesmo João

---

57 No contexto de 1Corínrios 15, o argumento paulino é que Jesus não simplesmente ressuscitou como Lázaro ou outro que, estando morto, voltou à vida para morrer novamente no futuro, adiando a própria morte, mas que participou da ressurreição final e última, encontrando a glorificação, antecipando a realidade ressurrecional prometida a todo que crê. Cristo é a antecipação da escatologia.

fale de uma figura histórica chamada "anticristo" que virá futuramente, seu espírito já ronda o mundo presente. A figura escatológica futura tem manifestações presentes através da atuação de seu espírito.

Quando observamos a besta que saiu do mar, descrita em Apocalipse 13, encontramos a manifestação de um governo futuro, de algo que vai acontecer depois. Ainda assim, já aparece o espírito da besta em muitas estruturas que estão à nossa volta hoje. Lendo os primeiros nove versos de Apocalipse 13, percebemos o governo da besta que saiu do mar como um paradigma de um governo mau ao qual os cristãos devem temer e evitar buscar, até mesmo se opondo a que esse tipo de estrutura governamental se instaure sobre a terra. Ladd comenta que a besta, mesmo sendo um "anticristo escatológico", tinha "algumas das suas características já evidentes em Roma, como também em outros países totalitários".[58] Apocalipse 13 condena todo governo terrestre como tendo do espírito da besta quando busca "assumir o papel de poder totalitário".[59] Ao observamos as características da besta de Apocalipse 13:1-9, então, encontramos características que estão presentes em governos que seguem seu espírito que hoje atua nos ministros da desobediência. A história da besta que saiu do mar é uma das histórias que mais atemorizam leitores do livro do Apocalipse, motivando uma série de obras populares.

Existem pelo menos duas referências veterotestamentárias rondando essa passagem: Jó 40-41 e Daniel 7. Apocalipse 13 descreve duas bestas, uma saindo do mar e outra saindo da terra. G. K. Beale mostra que, apenas no livro de Jó, encontramos a única representação de todo o Antigo Testamento de duas bestas satânicas em oposição ao Senhor (principalmente na LXX). Em Jó, lemos que uma besta terrestre (θηρίον, 40:15-24) seria morta por Deus com uma espada (40:19; cf. Apocalipse 13:10,14). Lemos também que um dragão do mar (δράκων, 40:25) conduz uma guerra travada pela sua boca (40:32), da qual saem tochas e chamas ardentes (41:11,13). É declarado, à semelhança da besta de Apocalipse,

---

58 LADD, G. E. *Apocalipse*: introdução e comentário. São Paulo: Vida Nova, 1986. p. 132.

59 CULLMANN, O. "O Estado no Apocalipse Joanino". In: *Cristo e política*. Rio de Janeiro: Paz e Terra, 1968. p. 65.

que não há nada na terra como ele (41:25). Ambas as bestas recebem atributos demoníacos, e são descritas como "feitos para serem ridicularizados pelos anjos" (40:19; 41:25). O texto de Jó alude a uma derrota primordial do dragão por Deus (40:32), mas também implica uma batalha ainda futura (40:19, 20-24; 41:25).[60]

Em Daniel 7, semelhantemente, encontramos afinidades íntimas à descrição dessa besta: "Quatro grandes animais, cada um diferente dos outros, subiram do mar" (Daniel 7:3). Aqui temos Daniel falando de quatro feras que, à semelhança da representada em Apocalipse 13, subiam também do mar. É dito sobre o quarto animal descrito por Daniel que ele "tinha dez chifres" (Daniel 7:7), assim como a besta de Apocalipse também o tinha. João diz que a besta "era semelhante a um leopardo, mas tinha pés como os de urso e boca como a de leão". Em Daniel, há o retrato de uma boca com dentes aparentemente metálicos e garras como que de bronze. Essa relação entre garras e presas, ainda que figurativamente distinta, evoca imagens idênticas: de força, de poder, de destruição voraz. A besta que saiu do mar em Apocalipse 13, então, parece ser o quarto animal que saiu do mar em Daniel 7. Mas o que essa besta significa realmente? O que ela representa? Daniel explica: "Os quatro grandes animais são quatro reinos que se levantarão na terra" (Daniel 7:17). As quatro bestas simbolizam governos políticos. Sobre o quarto animal, a besta de Apocalipse 13, Daniel descreve com mais detalhes:

> O quarto animal é um quarto reino que aparecerá na terra. Será diferente de todos os outros reinos e devorará a terra inteira, despedaçando-a e pisoteando-a. [...] Ele falará contra o Altíssimo, oprimirá os seus santos e tentará mudar os tempos e as leis. (Daniel 7:23-26)

O "nome de blasfêmia" (v. 1) da besta do Apocalipse aparece em paralelo com o "falará contra o Altíssimo" de Daniel, enquanto o "Foi-lhe dado

---

60 BEALE, G. K. *The book of Revelation* (The New Internacional Greek Testament Comentary). Wm. B. Eerdmans Publishing, 1999.

poder para guerrear contra os santos e vencê-los" (v. 7) de Apocalipse aparece em relação ao "oprimirá os seus santos" de Daniel. As relações são vastas e nos fazem crer que Daniel e João estão se referindo à mesma figura, um governo civil que se levantaria contra Deus e seus santos. A principal diferença é que, em Daniel 7, os quatro animais são impérios consecutivos, enquanto em Apocalipse temos um único ser. Isso parece indicar que essa besta é uma composição de todas as bestas ou impérios da história da humanidade que se opuseram a Deus e a seu povo: "esta fera resume tudo o que foi antes dela".[61] Isso está de acordo com várias tradições exegéticas judaicas que entendiam o quarto reino de Daniel como transtemporal.[62] Temos aqui "o princípio da política de poder: em uma palavra, o Estado", comenta Michael Wilcock.[63] É uma estrutura nacional que se manifesta como maligna. Estamos diante de um texto que descortina a existência de um governo dos últimos dias que terá seu poder vindo de Satanás e das forças malignas. John MacArthur explica de forma clara:

> O poderoso líder que as pessoas desejam virá e unificará o mundo sob seu domínio. Ele parecerá a princípio tudo o que as pessoas pensavam que estavam procurando. E por um breve período ele trará paz e prosperidade. Mas ele será muito mais do que o mundo esperava. Ele será um ditador mais cruel e poderoso do que qualquer outro líder que o mundo já conheceu. Esse homem, frequentemente chamado de Anticristo, será o culminar de uma longa fila de possíveis conquistadores do mundo. O que homens como Alexandre, o Grande, e os imperadores romanos nos tempos antigos, e Hitler e Stalin nos tempos modernos apenas sonhavam em

---

61 OSBORNE, G. R. *Revelation* (Baker Exegetical Commentary on the New Testament). Grand Rapids, MI: Baker Academic, 2012. p. 492.

62 BEALE, G. K. *The book of Revelation* (The New Internacional Greek Testament Comentary). Wm. B. Eerdmans Publishing, 1999.

63 WILCOCK, M. *The Message of Revelation*: I saw Heaven opened (The Bible speaks today series). IVP Academic, 1975.

> fazer, o Anticristo realmente fará – ele governará o mundo inteiro e receberá sua adoração.[64]

Quais as características desse governo maligno? No verso 1, encontramos a seguinte declaração de João: "Vi uma besta que saía do mar. Tinha dez chifres e sete cabeças, com dez coroas, uma sobre cada chifre, e em cada cabeça um nome de blasfêmia" (Apocalipse 13:1). Chifres constantemente são usados como símbolos de força e poder ao longo da Escritura (1Samuel 2:1,10; 2Samuel 22:3; João 16:15; Salmos 18:2; 75:4-5; 89:17,24; 92:10; 112:9; Jeremias 48:25; Miqueias 4:13). Esse animal hediondo e horrível, "pois é a personificação de tudo que é mau",[65] sai das águas – aqui, o "mar" (*thálassa*, θάλασσα) é sinônimo de "abismo" (*ábussos*, ἄβυσσος). No Antigo Testamento, a metáfora do mar/abismo retrata o domínio da atividade satânica (Jó 26:12; Salmos 74:13-14; 89:9-10; Isaías 27:1).[66]

Após dizer que havia "em cada cabeça um nome de blasfêmia", também é registrado que "[à] besta foi dada uma boca para falar palavras arrogantes e blasfemas", e "Ela abriu a boca para blasfemar contra Deus e amaldiçoar o seu nome e o seu tabernáculo, os que habitam no céu". A primeira característica do governo da besta é que ele traz sobre si a blasfêmia contra Deus. Blasfêmia traz a ideia de alguém que pronuncia palavras contra o Deus vivo. É um termo geralmente ligado à linguagem. Mas blasfêmia também se relaciona a formas de agir que tiram de Deus o tratamento que ele merece, um comportamento que rouba de Deus a sua glória. Esse governo maligno seria blasfemo contra Deus não só por causa de suas palavras, mas por causa de suas políticas.

Não seguimos a posição de que João estivesse descrevendo apenas eventos presentes, considerando características futuristas dessas descrições proféticas (não há como assumir que o Império Romano foi um

---

64 MACARTHUR, J. *Revelation 12-22* (MacArthur New Testament Commentary). Moody Publishers, 2000.

65 OSBORNE, G. R. *Revelation* (Baker Exegetical Commentary on the New Testament). Grand Rapids, MI: Baker Academic, 2012. p. 491.

66 MACARTHUR, J. *Revelation 12-22* (MacArthur New Testament Commentary). Moody Publishers, 2000.

governo mundial, por exemplo), mas é possível que João esteja usando o paradigma do evento futuro como instrumento de interpretação do governo presente. Grant Osborne interpreta que "esses nomes blasfemos provavelmente aludem aos títulos de divindade atribuídos ao imperador romano ('senhor', 'salvador', 'filho de deus', 'nosso senhor e deus')".[67] Não poucas vezes os cristãos eram confrontados com "reivindicações dos imperadores de serem divinos",[68] e é difícil conceber blasfêmia maior. No futuro, o texto indica que o "anticristo renovará essas práticas".[69]

João diz que "O dragão deu à besta o seu poder, o seu trono e grande autoridade". Esse reino recebe então seu poder (*tēn dynamin autou*, τὴν δύναμιν αὐτοῦ) e grande autoridade (*exousian megalēn*, ἐξουσίαν μεγάλην) como reino por causa de um dragão que lhe empoderava. Quando lemos Apocalipse 20, descobrimos que esse dragão é a figura do próprio Satanás: "o dragão, a antiga serpente, que é o diabo, Satanás" (Apocalipse 20:2). Então, descobrimos que o governo maligno que foi profetizado em Daniel 7 e está sendo descrito em Apocalipse 13 encontra sua força de governo na atuação das forças malignas. É um governo que adquiriu seu poder pelas forças do diabo, que provêm diretamente do inferno. É notável que esse governo futuro pretensa e aparentemente representa Deus através de seu ofício, mas suas obras e poderio vêm diretamente de Satanás. Esses governantes representam o paradigma da produção da maldade, uma vez que têm força e poder satânicos. As forças malignas elegem políticos para que se coloquem como força maligna contra Deus.

Diz o verso três: "Uma das cabeças da besta parecia ter sofrido um ferimento mortal". Possivelmente, um dos reinos (ou autoridades desse reino) seria ferido de forma violenta (numa interpretação mais literal) ou teria seu poder político diminuído quase à inexistência (numa

67 OSBORNE, G. R. *Revelation* (Baker Exegetical Commentary on the New Testament). Grand Rapids, MI: Baker Academic, 2012. p. 491.

68 WILCOCK, M. *The Message of Revelation*: I saw Heaven opened (The Bible speaks today series). IVP Academic, 1975.

69 OSBORNE, G. R. *Revelation* (Baker Exegetical Commentary on the New Testament). Grand Rapids, MI: Baker Academic, 2012. p. 491.

interpretação mais metafórica). Sabemos, no entanto, que tal ferida não será instrumento para o desaparecimento desse reino: "mas o ferimento mortal foi curado". Muitos interpretavam, na Igreja Primitiva, que alguma autoridade política retornaria à vida, ressurgindo dos mortos. Outros, provavelmente de forma mais apropriada, enxergam aqui esse reino político se enfraquecendo e então ressurgindo politicamente. O resultado disso é descrito no verso seguinte: "Todo o mundo ficou maravilhado e seguiu a besta. Adoraram o dragão, que tinha dado autoridade à besta, e também adoraram a besta". Aqui, os homens parecem estar adorando o próprio Deus através de adorar a besta, em um retorno às figuras do bezerro de ouro e do primeiro rei humano de Israel em 1Samuel 8. A autoridade que assume representar a Deus é guiada pelas forças de Satanás. Os povos não percebem isso, pois estão absorvidos por sua autoridade e poder. Os santos, por outro lado, entendem a fonte daquela autoridade. Se interpretarmos a besta que saiu do mar como o governo do anticristo (ou como o próprio), então os alertas de Paulo se aplicariam de forma apropriada. Falando dessa figura apocalíptica, ele diz: "Este se opõe e se exalta acima de tudo o que se chama Deus ou é objeto de adoração, a ponto de se assentar no santuário de Deus, proclamando que ele mesmo é Deus" (2Tessalonicenses 2:4).

Por causa daquilo que aconteceria com esse governo maligno, ou seja, dessa dificuldade que seria suplantada, todas as nações ("Todo o mundo") seguiriam esse governo bestial, e então prestariam adoração ao próprio diabo, ao próprio Dragão, através de se envolver no ato de seguir esse governo maligno. Cullmann diz que "[s]omos lembrados do poder de atração que todo Estado totalitário exerce sobre as massas. A massa se prosterna diante do próprio dragão que outorgou à besta a sua missão, e diante da própria besta".[70]

Essa adoração se dá em termos de espanto com o poderio da força política: "Quem é como a besta? Quem pode guerrear contra ela?". Temos aqui uma paródia de adoração a Deus (*Tis homoios to thēriō*,

---

70 CULLMANN, O. "O Estado no Apocalipse joanino". In: *Cristo e política*. Rio de Janeiro: Paz e Terra, 1968. p. 66.

Τίς ὅμοιος τῷ θηρίῳ), já que "Quem é como o Senhor" é comumente usado em adoração a Jeová (Êxodo 8:10; 15:11; Salmos 71:19; 89:8; Isaías 44:7; 46:5; Miqueias 7:18). Temos ainda um governante incomparável em seu poder militar. Esse poder, infelizmente, será usado para o morticínio de seus opositores, inclusive os que se recusarão a adorar o representante político: "Foi-lhe dado poder para guerrear contra os santos e vencê-los". O passivo *edothē* (ἐδόθη) pode ser um passivo divino e indicar que o responsável final por dar poder à besta *é o próprio Deus. O Senhor, fonte última de toda autoridade, é quem permite a força de enganação e de representação maligna des*se governo. Longe de ser algo localizado, essa perseguição se dará em todo o mundo, sobre todos os povos. Há aqui um governo mundial: "Foi-lhe dada autoridade sobre toda tribo, povo, língua e nação". Estamos lidando com um poder manifesto sobre todos os homens.

Por mais que os santos se entreguem *às idolatrias políticas em seus corações, eles não serão dominados pela adoração final ao governo do diabo: "Todos os habitantes da terra adorarão a besta, a saber, todos aqueles que não tiveram seus nomes escritos no livro da vida do Cordeiro que foi morto desde a criação do mundo"*. Os santos não se submetem ao governo da besta porque já se sujeitam em submissão total a outro governo. Ao se apresentar como rei dos reis e senhor dos senhores, Jesus está usando para si títulos políticos, e se pondo acima de qualquer majestade terrena. A submissão final a Jesus está em direta competição com a submissão final a líderes terrenos.

É uma esperança agridoce, mas é nossa santa esperança; a esperança de que todos os homens vão adorar a besta, menos aqueles que têm o nome no livro da vida. O nome que Deus trouxe para si por meio da obra de Jesus é aquele cujo coração é protegido da adoração à besta. Nós não seremos contados entre os idólatras, porque Deus há de nos proteger. Não teremos a marca da besta, porque não nos prostraremos para adorar um líder humano. É claro que essa é uma realidade externa. O coração muitas vezes pode ser tentado a adorações civis sem perceber. Podemos ser tentados a nos prostrar diante da besta e então sermos contados dentre aqueles que estão fora; mas ser cristão, segundo a escatologia de Apocalipse 13, é não se prostrar diante de homens que tentam tomar para si toda glória, poder e autoridade. Nós damos glória, poder e autoridade a Deus, e a ele apenas. Nós o declaramos como aquele que está acima de tudo e de todos.

Políticos precisam estar em regime de constante vigilância. Devemos temer em oração, pedindo a Deus que ele nos dê paz, porque sabemos que das autoridades civis provém muitas vezes a guerra contra a igreja. Oramos para que Deus dê sabedoria aos homens que ele colocou sobre nós, mas nunca baixamos a guarda diante de alguém que tem o poder de exército e de espada. Se ele cair em pecado, errando na busca por ser representante de Deus, ele será representante do próprio diabo. Ele será um representante das forças que perseguem a própria igreja. Oramos e buscamos ao Senhor para que Deus nos dê líderes sábios que respeitem nossas liberdades religiosas e que façam o bem para toda a população, mas sempre cientes de que é deles que virá nossa perseguição e morte. Saberemos que é daquele que está acima das forças civis que virá a segurança do nosso coração para que não nos sujeitemos a forças políticas que se propagam como o próprio Deus.

São muitas as relações entre o governo da besta e o próprio governo de Deus. É notável que governos da besta procurem fingir ser representações do governo divino. Devemos temer qualquer liderança política que se conclame seguir intrinsecamente a vontade de Deus. É aí que conseguimos conciliar a teologia da sujeição santa de Romanos 13 com a teologia da sujeição pecaminosa de Apocalipse 13. O poderio político deixa de representar corretamente a imagem de Deus quando assume para si uma imagem divina, cobra para si adoração apropriada apenas ao divino, e age com violência contra quem não se submete a essa representação demoníaca.

Wilcock comenta que foi Deus quem criou a instituição do governo humano, uma vez que o diabo nunca criou nada, apenas pervertendo os elementos da criação: "Como príncipe deste mundo, ele pegou o que Deus havia instituído para o bem-estar da humanidade e o tornou um instrumento de opressão". É o diabo quem "coloca blasfêmias na boca do Estado, de modo que proclama 'eu sou Deus' exigindo de seus súditos uma lealdade total e incondicional". Os cristãos não vão pegar em espadas contra a besta, mas também não vão adorar em seu santuário. Os cristãos "se reservam o direito de criticar e discernir continuamente entre o Estado que funciona adequadamente com a autoridade subdivina e o Estado que age ilegitimamente como autoridade divina". É por isso que, "[a]o longo da história da igreja, então, a besta do mar estará ativa e o povo cristão sempre terá o Estado manipulado por dragões para levar em consideração em seus conflitos diários".[71]

O QUE FAZER DIANTE DO DUPLO MOVIMENTO DE REPRESENTAÇÃO

Duas representações conflitam no governo civil. Por um lado, ele é ministro de Deus, e deveria se submeter à vontade divina no exercício da justiça; por outro, ele pode se tornar ministro de Satanás, submisso às forças das trevas, como a besta que saiu do mar. Por um lado, a idolatria política pode levar o indivíduo a pecar contra Romanos 13 e achar que o ministro de Deus é o próprio Deus, e oferecer submissão e defesa religiosa; por outro, a idolatria política pode levar o indivíduo a pecar contra Apocalipse 13 e achar que os governos dessa era são o próprio diabo, oferecendo uma oposição exagerada e radical. Em ambas as idolatrias, a política acaba por se tornar central na vida do idólatra, seja em submissão, seja em oposição.

Uma visão mais ponderada entende que todo governo é ministro de Deus, mas sujeito à atuação do diabo. Como ilustração, podemos lembrar que todo marido está em um casamento como representante de Cristo, assim como toda mulher está no casamento como representante da igreja – e isso é inescapável. Não há como maridos e esposas não estarem nessa relação de representação. No entanto, outras representações conflitantes entram na batalha conjugal. Isso faz com que representantes de Cristo possam acabar agindo mais em conformidade com o diabo que com o Senhor. Dessa forma, assim como somos imagem de Deus e

---

71 WILCOCK, M. *The Message of Revelation*: I saw Heaven opened (The Bible speaks today series). IVP Academic, 1975.

escravos do pecado, os governos são ministros de Deus sob o jugo do paradigma da besta. Governantes não são ora ministros divinos, ora servos do diabo, mas vivem em regime de dupla influência, como homens à imagem de Deus que são sujeitos às trevas por conta de seus pecados.

Diante disso, podemos encerrar com quatro aplicações. Primeiro, não dobramos o joelho diante de César. Não adoramos o espírito de César. Vivemos no espírito de Policarpo e, quando somos convidados às chamas, não tememos se o preço for dobrar os joelhos a mais alguém. Não nos sujeitamos a ninguém além de Cristo Jesus. Não aceitamos que ninguém venha a competir com Jesus em nossa vida. Não aceitamos que ninguém se propague como autoridade final. O poder não vem do povo. O poder não vem do presidente. O poder vem de Deus. É Deus quem concede autoridade, e nos sujeitamos somente a ele. Confiamos, oramos, votamos, fazemos campanhas, conversamos sobre política, fiscalizamos e muitas vezes até entramos na política partidária, mas com um único propósito: o propósito de que o Deus vivo, o Rei dos reis, o Senhor dos senhores seja glorificado no fim das contas.

Em segundo lugar, não temos esperanças em forças políticas. Não há por que manter esperança naquilo que é terreno. O novo céu e a nova terra não virão por meio de um monarca humano, de uma boa votação democrática ou de uma revolução violenta. Eles virão pela atuação sobrenatural de Deus no mundo. Quando esse planeta for consumido pelo fogo, quando com um grande estrondar tudo for renovado pelo poder do Espírito, então teremos o próprio Deus habitando eternamente aqui. Essa é a nossa política. Essa é a nossa ideologia. Deus reinando para sempre na terra. O resto é remendo. O resto é uma tentativa de resolver pequenos problemas temporais. E o poder temporal é muito pequeno. O poder temporal é muito pouco. Estamos esperando o verdadeiro rei que virá dominar e reger tudo. Quando nosso coração começa a projetar muita esperança nas ideias políticas, em ideologias específicas, quando nosso coração acha que a solução dos problemas humanos está em determinados projetos de poder, perdemos tudo de vista. Tudo que tentamos fazer aqui é melhorar um pouco a bagunça em que estamos vivendo. No fim das contas, a única solução final e a única esperança real estão na obra última e cabal de Cristo Jesus em reinar para sempre nessa terra.

Em terceiro lugar, não achamos que o governo é o diabo. Não assumimos posturas anarquistas por confundir as autoridades civis com as próprias forças espirituais que as influenciam. Como nossa pátria está nos céus, não dedicamos nossa vida à correção de problemas em Brasília. Governo após governo, comunicadores de oposição dizem que quem não se manifestar contra o partido da situação é tão fascista ou comunista quanto, é maligno e representante do *summum malum*. Nós, por outro lado, não somos assim. Vivemos segundo Inácio de Antioquia: "Nenhum benefício há para mim nas coisas deste mundo, nem nos reinos deste século. Prefiro morrer por Cristo Jesus do que reinar sobre os limites da terra. Aquele que eu procuro é o que morreu por nós; aquele que eu desejo, o que por nós ressuscitou".[72] Não procuramos nada nas forças políticas, e o excesso de foco em oposição pode representar nada mais que o outro lado da moeda da submissão idólatra.

É a partir disso que vem nossa quarta e última aplicação. Confesse Jesus como Senhor último neste mundo político. Faça Cristo ser glorificado neste mundo em que os homens projetaram suas esperanças em projetos de poder. Quando começarem os debates, quando começarem as ideias, quando começarem as conversas, sempre lembre quem está à sua volta de que, no fim das contas, quem é rei é Deus. Eu sou muito constrangido pelo modo como Jesus evangelizava. Eu acho isso muito marcante. O povo chega para Jesus com dúvidas políticas, perguntando: "É para pagar imposto a César ou não?", e ele pergunta de volta: "De quem é a face nessa moeda?". As moedas tinham a cunha de César porque o dono da moeda era César. Então, Jesus diz: "O que é de César, dai a César, mas o que é de Deus, você já deu para Deus?". É como perguntar se imposto é roubo e Jesus responder: "Se é roubo ou não, tem que pagar. Mas e o imposto de Deus? Você já deu? Já deu sua vida para Deus? Já se entregou para o Senhor?". A mulher chega para Jesus e pergunta: "Jesus, é nesse monte ou no outro que adoramos?", e

---

72 *Aos Romanos*, 6:1.

ele responde: "E em Espírito e verdade, já adorou?". Jesus simplesmente foge da questão para levar uma questão mais importante – não porque ele é covarde, mas porque ele é evangelista. Ele aproveita as questões que vão surgindo e dá respostas que não se destinam a satisfazer o anseio político ou teológico. A resposta que ele dá visa satisfazer o anseio da redenção. Ele sabia disso. Ele fazia isso. Quando for ano de eleição, quando os debates no ambiente acadêmico surgirem e cada um propor seu projeto de transformação do mundo, você pode ter suas opiniões, você pode entrar no debate, mas, no fim das contas, as pessoas têm que sair sabendo que, para você, rei mesmo é Cristo Jesus. Elas têm que saber que, para você, quem vai resolver essa bagunça toda é só Jesus. Elas têm que saber que, no fim das contas, o que importa mesmo é confessar Jesus como Senhor.

REFERÊNCIAS

AGOSTINHO. *A cidade de Deus*: (contra os pagãos), parte II. Petrópolis: Vozes; São Paulo: Federação Agostiniana Brasileira; Bragança Paulista: Editora Universitária Francisco, 2017.

ARCHAEOLOGICAL RESOURCE. *Translations of Papyrus Petersburg 1116A*: Instruction for Mery-ke-re. Disponível em: http://www.archaeologicalresource.com/Books_and_Articles/Literature/pPetersburg1116A_Merikare.html. Acesso em: 28 ago. 2018

BARR, J. *Biblical Faith and Natural Theology*. Oxford: Clarendon, 1993.

BARRACLOUGH, G. "Holy Roman Empire". *Encyclopædia Britannica Online*. Disponível em: https://www.britannica.com/place/Holy-Roman-Empire. Acesso em: 14 set. 2017.

BARRET, C. K. *The Epistle to the Romans*. Peabody: Hendrickson, 1991.

BAVINCK, H. *Teologia Sistemática*. Santa Bárbara d'Oeste: Sociedade Cristã Evangélica de Publicações Ltda., 2001.

BEALE, G. K. *The book of Revelation* (The New Internacional Greek Testament Comentary). Wm. B. Eerdmans Publishing, 1999.

BEALE, G. K. *Você se torna aquilo que adora*: uma teologia bíblica da idolatria. São Paulo: Vida Nova, 2014.

BLACKSTONE, W. *Commentaries on the Laws of England* (v. I). Philadelphia: Rees Welsh and Co., 1902.

BLENKINSOPP, J. *Ezekiel*: Interpretation, A Bible Commentary for Teaching and Preaching. Louisville, KY: Westminster John Knox, 1990.

BLOCK, D. I. *The Book of Ezekiel, Chapters 1-24* (The New International Commentary on the Old Testament). Wm. B. Eerdmans Publishing, 1997.

BOTER, G. *The Encheiridion of Epictetus and its Three Christian Adaptations*. BRILL, 1999.

BRAY, G. "The Significance of God's Image in Man". *TynB* 42.2, 1991. p. 195-225.

BROWN, A. *The Cross and Human Transformation*: Paul's Apocalyptic Word in 1 Corinthians. Minneapolis: Fortress, 1995.

BRUEGGEMANN, W. *Genesis*: A Bible Commentary for Teaching and Preaching. Atlanta: John Knox, 1982.

BRUNT, P. A. "The Revenues of Rome". In: *His Roman Imperial Themes*. Oxford: Clarendon, 1990.

CALVIN, J. *A Harmony of the Evangelists Matthew, Mark, and Luke* (v. 1). Grand Rapids: Baker, 1979.

CALVINO, J. *A instituição da religião cristã* (Tomo I, Livros I e II). São Paulo: Editora Unesp, 2008.

CLARCKSON, D. *Idolatria secreta*: os atos idólatras no coração do homem. Natal: Nadere Reformatie Publicações, 2019.

CLINES, D. J. A. "The image of God in man". *Tyndale Bulletin*, v. 19, n. 53. p. 53-103, 1968..

COLEMAN, T. M. "Binding obligations in Romans 13:7: a semantic field and social context". *Tyndale Bulletin* 48.2, 1997.

COMENIUS, I. A. *Didactica Magna*. eBooks Brasil, 2001.

CRAIGIE, P. C.; KELLEY, P. H.; DRINKARD JR, J. F. *Jeremiah 1-25* (Word Biblical Commentary, Vol. 26). Dallas, TX: Word Books, 1991.

CULLMANN, O. *Cristo e política*. Rio de Janeiro: Paz e Terra, 1968.

CULLMANN, O. *The Christology of the New Testament*. London: SCM Press, 1963.

CURTIS, E. M. *Man as the Image of God in Genesis in the Light of Ancient Near Eastern Parallels*. Ph.D. dissertation. University of Pennsylvania, 1984.

DAHL, R. *The Minpins*. Penguin UK, 2016.

DAVID, R. *Religion and magic in ancient Egypt*. Penguin UK, 2002.

DONABED, S. G.; QUEZADA-GRANT, A. (ed.). *Decentering discussions on religion and state*: emerging narratives, challenging perspectives. Londres: Lexington Books, 2015.

DOSTOIÉVSKY, F. *O jogador*. Oeiras: Abril/Controljornal, 2000.

DOUGLAS, J. M. *The Epistle to the Romans* (The New International Commentary on the New Testament). Grand Rapids, Michigan: William B., 1996.

DUGUID, I. M. *Ezekiel*: NIV Application Commentary. Grand Rapids: Zondervan, 1999.

DUNN, J. *Romans 1-8* (Word Biblical Commentary). Dallas, TX: Word Books, 1988.

DURHAM, J. I. *Exodus* (Word Biblical Commentary). Dallas, TX: Word Books, 1987.

ELIADE, M. *O sagrado e o profano*: a essência das religiões. São Paulo: WMF Martins Fontes, 2018.

ESELY, B.; ARNOLD, D. *Temples of ancient Egypt*. Cornell University Press, 1997.

ESTRABÃO, *Geography*. Disponível em: http://www.perseus.tufts.edu/hopper/text?doc=Perseus%3Atext%3A1999.01.0197. Acesso em: 14 set. 2019.

FERREIRA, F. "A relação entre a igreja e o estado". *Teologia Brasileira* 32, 2014.

FERREIRA, F. *Contra a idolatria do estado*: o papel do cristão na política. São Paulo: Vida Nova, 2016.

FILO DE ALEXANDRIA. *Les oeuvres de Philon d'Alexandrie*: De specialibus legibus, I et II (v. 24). *Éditions* du Cerf, 1975.

FONTES, F. *Idolatria do coração*: um inimigo ignorado. Brasília: Editora 371, 2019.

FRANCE, R. T. *Matthew*: Tyndale New Testament Commentaries. Grand Rapids: Eerdmans, 1985.

FRAZER, J. G. *O ramo dourado*. Rio de Janeiro: Zahar, 1983.

GAIMAN, N. *Deuses americanos*: edição preferida do autor. Rio de Janeiro: Intrínseca, 2016.

GARLAND, D. E. *First Corinthians* (Baker Exegetical Commentary on the New Testament). Grand Rapids, MI: Baker Academic, 2003.

GEISLER, N. Ética *cristã*: opções e questões contemporâneas. São Paulo: Vida Nova, 2010.

GRENFELL, B. P.; HUNT, A. S.; SMYLY, J. G. (ed.). The Tebtunis Papyri. H. Frowde, Oxford University Press, 1907.

HAMILTON, V. P. *The new international commentary on the Old Testament*: the book of Genesis chapters 1-17. Grand Rapids: Eerdmans, 1990.

HARDIN, J. K. *Galatians and the Imperial Cult*: A Critical Analysis of the First-Century Social Context of Paul's Letter. Tübingen: Mohr Siebeck, 2008.

HARISSON, J. R. "Paul, Eschatology and the Augustan Age of Grace". *Tyndale Bulletin* 50, 1999.

HAUCK, F. *Theological Dictionary of the New Testament* (v. 4). Grand Rapids, 1964-76.

HENDRIKSEN, W. *Exposition of the Gospel according to Matthew*. Baker Academic, 1973.

HODGE, C. *A Commentary on the Epistle to the Romans*: Designed for Students of the English Bible. Philadelphia: Grigg & Elliot, 1835.

HOLZINGER, H. *Genesis erklärt*. Freiburg-im-Breisgau: Mohr, 1898.

HÖPFL, H. (ed.). *Sobre a autoridade secular*: Lutero e Calvino. São Paulo: Martins Fontes, 1995.

HUME, D. *História natural da religião*. São Paulo: Unesp, 2005.

HUNT, G. *The History of the Seal of the United States*. Washington, D.C.: Department of State, 1909.

ISOCRATES. *Isocrates, Volume III*: Evagoras, Helen, Busiris, Plataicus, Concerning the Team of Horses, Trapeziticus, Against Callimachus, Aegineticus, Against Lochites, Against Euthynus, and Letters 1-9 (Loeb Classical Library). Harvard University Press; William Heinemann Ltd., 1945.

JENSON, R. W. *Ezekiel* (Brazos Theological Commentary on the Bible). Baker Books, 2009.

JOSÉFO, F. *Bellum Judaicum*, 2.402-406. Disponível em: https://sites.google.com/site/latinjosephus/bellum-judaicum. Acesso em: 9 ago. 2018.

KUYPER, A. *Calvinismo*. São Paulo: Cultura Cristã, 2003.

LADD, G. E. *Apocalipse*: introdução e comentário. São Paulo: Vida Nova, 1986.

LAVELLE, L. *O erro de Narciso*. São Paulo: É Realizações, 2012.

LEGGE, F. *Forerunners and Rivals of Christianity from 330 B.C. to 330 A.D.* (v. I). New Hyde Park, NY: University Books, 1964.

LENSKI, R. C. H. *The Interpretation of St. Paul's Epistle to the Romans*. Columbus: Lutheran Book Concern, 1936.

LEVENSON, J. *Creation and the Persistence of Evil*: The Jewish Drama of Divine Omnipotence. San Francisco: Harper & Row, 1988.

LEWIS, C. S. *Cristianismo puro e simples*. Rio de Janeiro: Thomas Nelson Brasil, 2017.

LINCOLN, A. T. *Ephesians* (Word Biblical Commentary, v. 42). Dallas, TX: Word Books, 1990.

LINTS, R. *Identity and Idolatry*: The Image of God and Its Inversion. InterVarsity Press, 2015.

LITFIN, B. *Conhecendo os mártires da igreja primitiva*: uma introdução evangélica. São Paulo: Vida Nova, 2019.

LLEWELYN, S. L. *New Documents Illustrating Early Christianity* (v. VI). Macquarie: The Ancient History Documentary Research Centre, 1992.

LOUW, J.; NIDA, E. *Léxico grego-português do Novo Testamento baseado em domínios semânticos*. São Paulo: Sociedade Bíblica do Brasil, 2013.

LUCKENBILL, D. David. *Ancient Records of Assyria and Babylonia*. v. 1: Historical Records of Assyria from the Earliest Times to Sargon. New York: Greenwood, 1968.

MACARTHUR, J. F. *Matthew 1-7* (The MacArthur New Testament Commentary). Moody Publishers, 2011.

MACARTHUR, J. *Revelation 12-22* (MacArthur New Testament Commentary). Moody Publishers, 2000.

MATHEWS, K. A. *Genesis 1-11*: 26. Nashville: B&H Publishing Group, 1996.

MCBRIDE, S. D. "Divine Protocol: Genesis I: as Prologue to the Pentateuch". In: BROWN, W. P.; MCBRIDE, S. D. (eds.). *God Who Creates*. Grand Rapids: Eerdmans, 2000.

MCKENZIE, T. J. *Idolatry in the Pentateuch*: An Innertextual Strategy. Eugene, Oregon: Pickwick Publications, 2010.

MIDDLETON, J. Richard. *The liberating image*: The imago Dei in Genesis 1. Brazos Press, 2005.

MORRIS, L. *1 Corinthians*: An Introduction and Commentary (Tyndale New Testament Commentaries). Inter-Varsity Press, 2008.

MORRIS, L. *The Gospel According to Matthew*: The Pillar New Testament Commentary. Grand Rapids, Michigan: William B., 1992.

MOUNCE, R. H. *Romans* (The New American Commentary). Nashville: Broadman & Holman, 1995.

MURRAY, J. *The Epistle to the Romans*. Grand Rapids: Eerdmans, 1965. p. 156.

NANOS, M. D. *The Mystery of Romans*: The Jewish Context of Paul's Letter. Minneapolis: Fortress, 1996.

NIETZSCHE, F. *Crepúsculo dos ídolos, ou como se filosofa com o martelo*. Porto Alegre: L&PM, 2009.

NORTH, G. *Cooperation and Dominion*: An Economic Commentary on Romans. Harrisonburg, Virginia: Dominion Educational Ministries, Inc., 2007.

O'BRIEN, P. T. *Ephesians* (The Pillar New Testament Commentary). Grand Rapids, Michigan: William B., 1999.

OGLE, A. B. "What Is Left for Caesar? A Look at Mk 12:13-17 and Rom. 13.1-7". *Theology Today*, v. 35, n. 3, 1978-1979, p. 254-264.

OSBORNE, G. R. *Revelation* (Baker Exegetical Commentary on the New Testament). Grand Rapids, MI: Baker Academic, 2012.

OSWALT, J. N. *The Book of Isaiah*: Chapters 1-39 (The New Internacional Commentary on the Old Testament). Grand Rapids, MI, 1986.

PAPANIKOLAOU, A. "Liberating eros: confession and desire". *Journal of the Society of Christian Ethics*, v. 26, n. 1, Spring/Summer 2006, p. 115-136.

PEIRCE, C. S. *Semiotic and Significs*: The Correspondence between C. S. Peirce and Victoria Lady Welby, 1977.

PERRIN, N. "The Imperial Cult". In: GREEN, J. B.; MCDONALD, L. M. (orgs.). *The World of the New Testament*: Cultural, Social, and Historical Contexts. Grand Rapids, MI: Baker Academic, 2013.

PFEIFFER, R. H. *State letters of Assyria*: a transliteration and translation of 355 official Assyrian letters dating from the Sargonid period (722-625 BC). American Oriental Society, 1935.

PLUTARCO. *Matérias relativas a costumes e morais*, 617c. Disponível em: http://www.attalus.org/info/moralia.html. Acesso em: 14 set. 2019.

PREISIGKE, F. *Vom göttliche Fluidum nach ägyptischer Anschauung*. "Papyrusinstitut Heidelberg". Berlin/Leipzig, 1920.

PRIOR, D. *The message of 1 Corinthians*: Life in the local church (The Bible speakstoday). Inter-Varsity Press, 1993.

RAD, G. Von. *Genesis*: a commentary. London: Westminster John Knox, 1972.

REINKE, A. D. *Os outros da Bíblia*: história, fé e cultura dos povos antigos e sua atuação no plano divino. Rio de Janeiro: Thomas Nelson Brasil, 2019.

ROUSSEAU, J.-J. *The Social Contract and Discourses*. London and Toronto: J. M. Dent and Sons, 1923.

SAILHAMER, J. H. *The Pentateuch as narrative*: A biblical-theological commentary. Zondervan Academic, 2017.

SAINT-EXUPÉRY, A. de. *O pequeno príncipe*. São Paulo: Geração Editorial, 2015.

SCHMIDT, W. H. *Die Schöpfungsgeschichte der Priesterschrift*: zur Überlieferungsgeschichte von Genesis 1, 1-2, 4a und 2, 4b-3, 24 (Wissenschaftliche Monographien zum Alten und Neuen Testament, Vol. 17). Neukirchener Verlag, 1964.

SÍCULO, D. *Biblioteca histórica*. Madrid: Editorial Gredos, 2004.

SIEDENTOP, L. *Inventing the Individual*: The Origins of Western Liberalism, London: Penguin, 2010.

SIN-LÉQI-UNNÍNNI. *Ele que o abismo viu*: epopeia de Gilgamesh. Belo Horizonte: Autêntica Editora, 2019.SMITH, G. V. *Isaiah 1-39*: An Exegetical and Theological Exposition of Holy Scripture (The New American Commentary). B&H Publishing Group, 2007.

SPENCE-JONES, H. D. M. (ed.). *Psalms to Song of Songs* (The Pulpit Commentary, v. 4). K. Paul, Trench, Trübner & Company, Limited, 1897.

SPROUL, R. C. *Pensando como Jesus*. Disponível em: http://reforma21.org/artigos/pensando-como-jesus.html. Acesso em: 21 mar. 2019.

STUDENTS FOR LIBERTY. *Christianity and Anarchy*. Disponível em: http://studentsforliberty.org/blog/2014/11/28/christianity-and-anarchy/. Acesso em: 2 jan. 2015.

TAYLOR, M. *1 Corinthians*: An Exegetical and Theological Exposition of Holy Scripture. B&H Publishing Group, 2014.

THOMPSON, R. C. (ed.). *The Reports of the Magicians and Astrologers of Nineveh and Babylon in the British Museum*: English translations, vocabulary, etc. Luzac and Company, 1900.

TOLSTÓI, L. *O Reino de Deus está em vós*. Rio de Janeiro: BestBolso, 2011.

TRANQUILLUS, G. S. *De vita Caesarum*. Disponível em: http://www.perseus.tufts.edu/hopper/text?doc=Perseus%3Atext%3A1999.02.0061&redirect=true. Acesso em: 10 fev. 2020.

TSUMURA, D. T. *The First Book of Samuel* (The New Internacional Commentary on the Old Testament). Wm. B. Eerdmans Publishing, 2006.

WALLACE, D. Foster. *Isto é água*. Disponível em: https://www.posfacio.com.br/2011/09/06/isto-e-agua-david-foster-wallace/. Acesso em: 12 fev. 2019.

WEIL, G. (ed.). *Festschrift Eduard Sachau, zum siebzigsten Geburtstage gewidmet von Freunden und Schülern*. Berlin: Reimer, 1915.

WESTERMANN, C. *Genesis 1-15*: A Commentary. Minneapolis: Augsburg Fortress, 1984.

WILCOCK, M. *The Message of Revelation*: I saw Heaven opened (The Bible Speaks Today Series). IVP Academic, 1975.

WILKINSON, R. H. *The complete gods and goddesses of ancient Egypt*. New York: Thames & Hudson, 2003.

WILLSON, J. M. *The Establishment and Limits of Civil Government*: An Exposition of Romans 13:1-7. Powder Springs, Georgia: American Vision Press, 2009.

WITHERINGTON III, B. *Revelation* (The New Cambridge Bible Commentary). Cambridge: Cambridge University Press, 2003.

YODER, C. R. *Proverbs* (Abingdon Old Testament Commentaries). Abingdon Press, 2009.

YOUNGBLOOD, R. F. *1 & 2 Samuel* (The Expositor's Bible Commentary). Grand Rapids, MI: Zondervan, 2009.

Este livro foi impresso pela Assahi, em 2021,
para a Thomas Nelson Brasil. O papel do
miolo é avena 70 g/m^2, e o da capa, cartão
150 g/m^2.